Revue Gestion Juridique des RH

Année 2023

Volume 4

Numéro 4

DIRECTEUR DE PUBLICATION
Clotaire MOULOUNGUI

DIDACTIJURIS et Clotaire MOULOUNGUI
6, square du capitaine Guynemer
59960 Neuville-en-Ferrain
Didactijuris@yahoo.com

ISBN : 978-2-487740-17-4
EAN : 9782487740174

Articles de ce volume 4

Plan et pagination des articles

LE MAXIMUM DE VOTANTS POUR UNE DÉCISION DÉMOCRATIQUE

Clotaire MOULOUNGUI
Maître de conférences hors classe à l'ULCO (académie de Lille)
Ancien Chef du Département Gestion des Entreprises et des Administrations
Responsable de la licence professionnelle Métiers de la Gestion et du Social

Résumé : Les décisions collégiales étant prises à la majorité, elles semblent alors éclairées, puisque soutenues par le plus de participants possibles. En d'autres termes, un absentéisme important dans la structure ruine ce présupposé. Surtout que pour concilier le sérieux de la décision et l'amour-propre de chacun, l'unanimité apparaît théoriquement comme l'idéal. Qu'en l'occurrence chacun soit vraiment d'accord se comprend ; en particulier dans les cas où seraient consécutivement engagés les patrimoines personnels des intéressés ; y compris ceux des membres absents. Lorsque l'unanimité est ainsi exigée, il semble que le quorum s'élève au niveau 100 %. Sauf si l'unanimité ne se rapporte qu'aux présents, et donc pas à l'ensemble des membres.

Mots clefs : Décisions collégiales ; délibérations ; assemblée ; unanimité ; majorité ; un homme une voix ; nombre de parts ou d'actions.

Summary: Since collegial decisions are made by majority vote, they appear to be informed, since they are supported by as many participants as possible. In other words, significant absenteeism within the structure undermines this assumption. Especially since, to reconcile the seriousness of the decision with everyone's self-esteem, unanimity theoretically appears to be the ideal. That in this case, everyone truly agrees is understandable; especially in cases where the personal assets of the interested parties would be involved, including those of absent members. When unanimity is thus required, it seems that the quorum rises to 100%. Unless unanimity refers only to those present, and therefore not to all members.

Key words: Collegial decisions; deliberations; assembly; unanimity; majority; one man, one vote; number of shares or stocks.

1. – L'insuffisance du quorum pour l'amour-propre et les intérêts essentiels de chacun.

Les décisions collégiales étant prises à la majorité, elles semblent alors éclairées, puisque soutenues par le plus de participants possibles. En d'autres termes, un absentéisme important dans la structure ruine ce présupposé. Surtout que pour concilier le sérieux de la décision et l'amour-propre de chacun, l'unanimité apparaît théoriquement comme l'idéal.

Qu'en l'occurrence chacun soit vraiment d'accord se comprend ; en particulier dans les cas où seraient consécutivement engagés les patrimoines personnels des intéressés ; y compris ceux des membres absents. Lorsque l'unanimité est ainsi exigée, il semble que le quorum s'élève au niveau 100 %. Sauf si l'unanimité ne se rapporte qu'aux présents, et donc pas à l'ensemble des membres.

Cette unanimité doit d'ailleurs être reconsidérée dans l'hypothèse où le vote concernerait l'exclusion de l'un des membres ; car il ne décidera probablement pas contre lui-même. La formule baroque d'une unanimité moins une voix se comprendrait finalement ici. Cela étant, une exigence de la participation de tous n'implique pas forcément ensuite des décisions à l'unanimité (1).

---

1) Par exemple, le bureau du Haut conseil des commissaires aux comptes « *ne délibère valablement que si tous ses membres sont présents* » (Code de

A. – L'adjonction habituelle d'une majorité au quorum exigé

2. – Les trois catégories de majorités en matière de scrutins.

Lors d'une délibération d'assemblée, les deux branches de l'alternative portent sur des personnes ou des projets (2). Mais l'absentéisme contrecarre la réunion planifiée à cet effet si le quorum n'est pas atteint. D'ailleurs, même si cette réunion se déroulait, la pluralité d'absentéistes empêcherait probablement l'atteinte de la majorité requise ; et plus encore l'atteinte de l'éventuelle unanimité.

Or pour emporter la décision, le projet ou le candidat en concoures doit réunir le maximum de voix en sa faveur (3). Il s'agira généralement d'une majorité, voire de l'unanimité pour les décisions gravissimes

---

commerce, article R821-3, II). La loi ne précise pas la majorité consécutive à ce quorum plénier ; peut-être est-ce la majorité absolue. D'un autre côté, le Code général des collectivités territoriales prévoit la complétude du conseil municipal lors de l'élection du maire et de ses adjoints (ensemble les articles L2122-4, L2122-7 et L2122-8). Cependant, il ne s'agit ici que de la totalité des membres en exercice (Jean-Pierre COURTEJAIRE et Michel VERPEAUX, L'élection des présidents des assemblées locales et le quorum, *AJDA* 2004 p.954).

2) Plusieurs tours de scrutins sont alors envisageables, les exigences en nombre de voix baissant au fil des tours. On pensera ici à l'attribution d'un prix littéraire ou à une élection pour un poste.

3) L'idée de départ est que, dans sa vie interne et collective, toute personne morale, figurée par son conseil d'administration ou par son assemblée générale, opte régulièrement entre une préconisation X et une seconde préconisation Z. Celle des deux qui l'emporte aura forcément bénéficié d'un nombre de votes supérieur à la moitié des votes utiles. Il est entendu que les votes blancs et nuls, de même que les abstentions, ne comptent pas. Les éventuels auteurs (administrateurs ou associés) de tels votes (blancs) se seront donc privés d'un choix efficient. Pour le décompte, l'on se demande uniquement s'il y a davantage de Pour (plus de Oui) ou, au contraire, davantage de Contre (plus de Non).

(4). Néanmoins, cette majorité n'a aucune valeur juridique si, d'abord, le nombre de participants minimal prévu (le quorum) n'a pas été satisfait.

Ainsi que le rappelle un professeur : *« Le quorum n'est certes qu'un préalable, alors que la majorité fait la décision ; mais la majorité est sans effet lorsque le quorum n'est pas atteint »* (5). Du reste, en cas d'absentéisme des électeurs, le type de majorité exigé n'existera sûrement pas du tout.

Bien entendu, des distinctions sont à opérer entre les sortes de majorités. Car l'on dénombre : la majorité qualifiée, la majorité absolue et la majorité simple ou majorité relative. Dans le premier cas (majorité qualifiée), il y a un quantum déterminé ou déterminable à réunir en faveur du projet ou du candidat (3/5, 67 %, etc.). Concernant la majorité absolue, elle suppose la moitié des votants de l'instance, plus un.

Quant à la majorité relative (ou majorité simple), elle nécessite seulement d'obtenir davantage de suffrages que l'autre choix possible.

3. – La facilité du choix dans les votes binaires.

L'issue du vote portant sur une alternative est à la fois une majorité relative (plus de voix que l'autre choix) et une majorité absolue (plus de voix que la moitié des votes exprimés). C'est ainsi que les

---

4) « *Malgré tout, le droit des sociétés continue d'exiger le consentement unanime des associés pour les décisions les plus graves, ceci dans le but de protéger les associés minoritaires contre l'oppression de la majorité. Contestée dans son domaine, la règle de l'unanimité ne va pas sans poser de difficultés dans sa mise en œuvre* » (Daniel BERT et Tayeb LAKHDARI, La mise en œuvre de la règle de l'unanimité en droit des sociétés, *D.* 2005. 1853).

5) Paul LE CANNU, Qui va à la chasse... Le quorum peut n'être pas lié aux droits de vote, Note sous Cour de cassation (com.) 5 mai 2009, Mizrahi c/ Sitbon et autres.

votes sur délibération (choix binaire) n'obligent jamais à un second tour (6).

Dans ces conditions, les rédacteurs des choix à soumettre aux sociétaires ou aux associés devraient veiller à l'existence de cette binarité. Afin d'y arriver, il est judicieux de toujours s'inspirer du célèbre Discours de la Méthode de Descartes. À savoir : décomposer la question générale, sans doute complexe, en de sous-questions plus facilement compréhensibles de tous, même « *des femmes et des enfants* » (7).

Grâce à un semblable cheminement de l'esprit, les votants opteront forcément soit pour le refus, soit au profit de l'un des projets ou des candidats en lice (8). Le lecteur se rappellera que son texte (fondateur de la philosophie moderne), n'était originellement qu'une introduction à un traité de sciences et techniques (sur la dioptrie, les météores et la géométrie).

Heureusement que certains lecteurs s'intéressaient (s'intéressent) finalement aux préfaces, avant-propos et introductions. Sinon, ce Discours de la méthode aurait terminé aux oubliettes de l'histoire des idées. On remarquera par ailleurs, que *"l'honnête homme"* (de l'époque) était invité à maîtriser les sciences et les lettres, la physique et la métaphysique, etc.

---

6) Oui, les choses se règlent en un seul tour, sans fioriture ni panachage. Cf. Francis-Paul BENOIT et Jean BENOIT, Conseil municipal : régime des délibérations, *Encyclopédie des collectivités locales*, Août 2011.

7) L'auteur voulait « *être compris des femmes et des enfants* », lesquels avaient moins d'instruction au 17ème siècle. Cf. *Dictionnaire des sciences philosophiques*, 1845, page 462.

8) Francis-Paul BENOIT et Jean BENOIT, Conseil municipal : régime des délibérations, *Encyclopédie des collectivités locales*, Août 2011.

Beaucoup de ces intellectuels auront par ailleurs siégé au Palais du Luxembourg, comme sénateurs, ou au Palais Bourbon, comme députés ; surtout à la naissance de la Troisième République (9).

4. – L'application des trois catégories de majorités à l'Assemblée Nationale.

L'Assemblée nationale n'a pas à proprement parler de quorum. Seule la majorité compte, puisque le quorum n'est obligatoire que si son respect a été demandé par les (députés) présents. C'est en quelque sorte un quorum sur demande. Certaines des majorités exigées postulent un nombre minimum de votants, selon la matière en discussion. Et les résultats varieront en fonction du nombre de députés absentéistes.

Ainsi en est-il par exemple à propos : du vote de confiance ; du vote de défiance ; ou du vote d'une loi organique. Tout d'abord, le Gouvernement peut être conduit à s'assurer de la confiance que lui porte l'Assemblée nationale. Cette démarche revient pour lui à présenter sa politique générale à l'Assemblée, pour être adoubé (vote de confiance).

Si les députés qui affirment le soutenir ne dépasse que péniblement la majorité requise, le Gouvernement semblera avoir un défaut de légitimité. S'ils sont au contrairement vraiment trop peu nombreux, il devrait alors aussitôt démissionner. Quelques mois ou années après, les opposants au Gouvernement peuvent prendre l'initiative de le renverser ; grâce au vote d'une motion de censure.

---

9) Gambetta avait aussi fait appel aux richards, lesquels étaient du reste aussi les détenteurs du capital intellectuel. Voici sa supplique, obtenue de seconde main : « *Vous pouvez prendre dans cette République un rôle immense, un rôle privilégié, parce que vous avez les loisirs de la fortune, l'éducation et l'influence sociale. Venez avec nous, nous vous assurerons un rang, un honneur, une force qui vous permettront d'exercer vos aptitudes au bénéfice de tous* » (Mattei DOGAN, Les filières de la carrière politique en France, Revue française de sociologie, 1967, pp. 468-492).

Celle-ci nécessite la majorité absolue des députés, pour obtenir le renversement projeté (10). Une majorité similaire de députés est prévue (par la Constitution) pour que l'Assemblée bénéficie du dernier mot (sur le Sénat) lors du vote d'une loi (11) ; tout au moins à l'occasion du vote d'une loi organique (12).

Plus encore, la majorité des trois cinquième (60 %) est exigée pour la ratification d'un traité qui ouvrirait l'Union européenne à un nouvel État adhérent (13). La majorité qualifiée est sans doute particulièrement difficile à remplir en cas d'absentéisme des députés.

5. – Les conflits de légitimité dans l'État.

Dans le fonctionnement des institutions publiques, les décisions paraissent avoir une grande importance lorsqu'elles ont été débattues puis adoptés par le maximum de personnes. Il semble idéal que celles-ci aient été élues. Par exemple, la Constitution reconduit l'exigence d'une majorité qualifiée au cas où le Congrès

---

10) Le Gouvernement dirigé par Madame Élisabeth BORNE aura survécu à un nombre impressionnant de motions de censures. Chaque année, pour la partie recettes et pour la partie dépenses, du Budget Général de l'État, de même que pour le budget de la Sécurité sociale. Ces budgets sont institués par des lois de finances. Dans la série, la motion de censure la plus connue est celle qui aura suivi la décision d'un vote bloqué (sans discussion) de la loi sur les retraites.

11) Ce concept de dernier mot signifie que le vote de la loi par la seule Assemblée Nationale (sans le Sénat). Il y aura eu lieu au préalable deux lectures vaines par ces deux assemblées. Puis il aura eu une demande expresse du Premier ministre pour ce '*vote final*'.

12) La loi organique porte toujours sur l'une des institutions dont l'existence est prévue par la Constitution : le Président de la République ; le Sénat ; l'Assemblée Nationale ; le Conseil constitutionnel ; le Conseil Supérieur de la Magistrature ; le Défenseur des droits ; etc.

13) Heureusement, pour le vote d'une loi organique, ou d'une de ratification d'une adhésion nouvelle à l'Union européenne, les sièges (les députés) vacants sont ignorés ; ne comptent que les sièges effectivement pourvus.

(sénateurs et députés) se réunit (au Château de Versailles), en vue d'adopter une loi modificative de la Constitution (article 89).

Il est entendu que si la modification est soumise (par le Président de la République) non pas à ces représentants-là du Peuple, mais à celui-ci lui-même, la (simple) majorité relative suffira toujours. Après tout, le peuple n'est-il pas le siège de la souveraineté… Cela étant, le Premier ministre (et donc son Gouvernement) tient sa légitimité du Président de la République, cet élu provenant du vote du corps électoral français tout entier. Il est librement choisi par lui.

Mais il reçoit un complément de légitimité en étant adoubé à l'Assemblée Nationale par d'autres élus du suffrage universel direct (pas les sénateurs). En revanche, en cas de cohabitation, le Président de la République se replie sur les seuls matières qui relèvent de la Défense et de la Diplomatie (les Affaires étrangères).

À ce « pré carré » s'ajoute le pouvoir de président le Conseil des ministres, et donc d'entraver au besoin le Gouvernement de cohabitation. Notamment en refusant de signer des ordonnances ou des décrets (qui y son délibérés) ; voire de retarder sa décision de promulguer certaines lois nouvelles, compte tenu de la demande (par lui) d'un nouveau débat parlementaire.

B. – L'exigence simultanée d'un quorum et de l'unanimité

6. – Le besoin de l'unanimité en cas de changement capital pour la société et/ou pour les associés.

Concernant les SARL d'avant la loi n° 2005-882, le Code de commerce commande (ou maintien) la majorité des trois quarts des parts sociales (75 %) pour emporter une délibération modificative des statuts (14).

Au contraire, ce Code exige dorénavant l'unanimité en cas de projets plus graves. Ce qui est le cas du passage du statut de société française vers une société de nationalité étrangère ; ou bien du déplacement du siège social de la société (15).

Par ailleurs, aussi bien le Code civil que le Code de commerce excluent qu'un associé se trouve patrimonialement engagé sans son consentement. On note précisément que dans une SARL *« la majorité ne peut en aucun cas obliger un associé à augmenter son engagement social »* (16).

L'unanimité envisagée en l'occurrence s'oppose à tout absentéisme, même s'il n'est certes pas question de quorum préalable. De même, l'unanimité est indispensable quand, au lieu seulement d'encourir la perte de leurs apports, les associés exposeraient désormais l'ensemble de leur patrimoine à la saisie rêvée par les créanciers de la société. Dans ce cas-là, l'expression consacrée s'appelle *« être tenu indéfiniment et solidairement »*.

Un tel risque adviendra si l'on transformait la SARL en société en nom collectif ; ou bien en une société en commandite. En bonne logique,

---

14) Code de commerce, article L223-30 alinéa 2 : « *Toutes autres modifications des statuts sont décidées par les associés représentant au moins les trois quarts des parts sociales. Toute clause exigeant une majorité plus élevée est réputée non écrite* ». Le passage au régime des nouvelles sociétés nécessite une modification à l'unanimité des statuts. Code de commerce, article L223-30, alinéa 4. Cf. Deen GIBIRILA, Répertoire des sociétés, Société à responsabilité limitée, Droits collectifs des associés, assemblées d'associés, septembre 2019.

15) Code de commerce, article L223-30 alinéa 1 : « *Sous réserve du huitième alinéa de l'article L223-18, le déplacement du siège social est décidé par un ou plusieurs associés représentant plus de la moitié des parts sociales* ». Le cas réservé est celui d'un déplacement par le gérant convaincu que sa décision sera ensuite ratifiée.

16) Code de commerce, article L223-30, alinéa 5.

si chacun doit préalablement consentir, cela signifie que chacun doit être présent ou représenté.

7. – La protection de l'homme d'affaires contre le risque des affaires.

Le législateur moderne diminue le plus possible les risques patrimoniaux courus par les hommes d'affaires (17). Ceux-ci sont par exemple autorisés à procéder à une déclaration d'insaisissabilité de leur domicile familial.

En outre, beaucoup de leurs biens pourtant affectés à l'activité professionnelle sont également susceptibles de bénéficier d'une *"déresponsabilisante"* protection. Il est dès lors facile de comprendre que leurs engagements ne sauraient être augmentés par le seul vote de coassociés. À cet égard, en cas d'actes de disposition, les quirataires (copropriétaires d'un navire) sont protégés par une exigence d'unanimité ou, du moins, de majorité qualifiée.

D'une part en effet, si l'un d'entre eux entend céder ses parts, l'unanimité est obligatoire ; notamment à supposer que la nationalité française du navire soit remise en cause (18). D'autre part, lorsqu'une hypothèque est exigée par un créancier social, il faut réunir la majorité des trois quarts des parts (75 %) représentatives du bâtiment (19). C'est en d'autres termes la

---

17) Il y a par ailleurs une dépénalisation du droit des. Paradoxalement, la plupart des textes applicables aux entreprises contiennent de plus en plus leur amende contraventionnelle. Jean-Marie COULON, L'actualité de la dépénalisation du droit des affaires, *AD* 18 décembre 2008.

18) Loi du 3 janvier 1967, article 22, alinéa 2.

19) Idem, article 25. Un raisonnement a contrario aboutirait à s'imaginer que la majorité relative suffit pour les actes de gestion, et plus encore pour les actes conservatoires. À propos de ces derniers, l'on sait que l'urgence exclut la possibilité de concertations et de débats préalables. De plus, dans le cadre d'une alternative, la majorité relative finit par se confondre avec une majorité absolue. À savoir : plus de votes que l'autre choix (majorité

majorité absolue, laquelle se limite au dépassement de la moitié des voix possibles.

8. – La fixation préalable de l'unanimité par la loi ou par les statuts.

Dans le fonctionnement d'un groupe, la décision adoptée à l'unanimité présente les meilleures garanties de légitimité et peut-être de juridicité aussi. Néanmoins, l'unanimité n'est pas une panacée ; au point que le législateur l'exclut parfois pour les SARL postérieures à la loi de 2005 (20). De fait, sa quête est parfois un leurre, surtout sans fondement légal ou statutaire préexistant.

La Cour de cassation (01 février 2017) a ainsi jugé que : « *Dans le silence des statuts d'une association, seules les modifications statutaires ayant pour effet d'augmenter les engagements des associés doivent être adoptées à l'unanimité* » (21). La cour d'appel (Montpellier, 10 novembre 2015) avait pensé qu'une modification des statuts, dont la conséquence était de faciliter l'exclusion d'adhérents devait nécessiter l'unanimité ; par égard au principe d'intangibilité des

---

relative) et plus que la moitié des votes (majorité absolue). En vérité, la majorité se calcule ici en fonction du nombre total de parts ; y compris celles des quirataires absents (COUR D'APPEL Orléans, 9 déc. 2005, DMF 2006. 315, note Antoine Vialard). Cf. Loi du 3 janvier 1967, article 11, alinéa 1.).

20) Ainsi, pour les sociétés à responsabilité limitée, il est prévu que : « *les modifications sont décidées à la majorité des deux tiers des parts détenues [67 %] par les associés présents ou représentés, à l'exception du déplacement du siège social, décidé par un ou plusieurs associés représentant plus de la moitié des parts [50 %]. Les statuts peuvent prévoir des quorums ou une majorité plus élevés, sans pouvoir, pour cette dernière, exiger l'unanimité des associés* » (Code de commerce, article L223-30, alinéa 3). Néanmoins, précise l'alinéa suivant : « *Les sociétés constituées antérieurement à la publication de la loi n° 2005-882 du 2 août 2005 précitée peuvent, sur décision prise à l'unanimité des associés, être régies par les dispositions du troisième alinéa* ».

21) CASS. CIV. 1, 01 février 2017, 16-11.979, Association des chasseurs et propriétaires de Pierrefiche du Larzac.

conventions, sachant qu'il y avait défaut de disposition statutaire ou légale.

Mais une fois de plus, l'acceptation par tous à la fois d'un projet apparaît inenvisageable si déjà chacun n'est pas présent ou représenté. La sanction fulminée par la loi pour la violation d'un tel quorum implicite, va au-delà de la nullité de protection ; elle approche la nullité d'ordre public (22).

9. – La majorité ou l'unanimité dans la société en liquidation.

La liquidation d'une société est généralement un drame pour les associés. Sauf bien entendu lorsqu'ils l'auront volontairement décidé ; ou lorsque la liquidation advient en conséquence de l'échéance de la durée mentionnée dans les statuts (23). Quel que soit le cas, un liquidateur au moins sera nommé. Le Code de commerce prescrit l'unanimité des associés en faveur de la personne alors ainsi désignée (24).

D'un autre côté, même au soir de sa vie sociale (liquidation), une société commerciale se doit de maintenir sa comptabilité en ordre. Aussi ses comptes annuels devront-ils encore être approuvés par les

---

22) Toute personne intéressée peut obtenir ou, tout au moins, solliciter l'annulation des délibérations acquises sans l'unanimité (100 %) prévue, ou sans la majorité des trois quarts (75 %) des parts sociales relativement à certaines décisions ; telles le changement de siège social ou de nationalité. Cf. Code de commerce, article L223-30, alinéa final.

23) Il convient de noter que les sociétés sont créées pour une durée maximale de 99 ans. Cf. : Code civile, articles 1838 et 1872 ; Code de commerce, article LL210-2 ; Code rural et de la pêche maritime, article L521-2. Mais ces codes prévoient la possibilité d'une prorogation dont la durée ne doit pas non plus excéder quatre-vingt-dix-neuf ans.

24) Cette unanimité concerne tant les associés d'une société en nom collectif, que ceux d'une société en commandite, ou encore d'une société par actions simplifiées. Toutefois, la majorité en capital suffit de la part de commanditaires, et de la part d'associés d'une SARL ou d'une S.A. Cf. Code de commerce, article L237-18, I.

associés. S'agissant d'une société à responsabilité limitée, d'une société en nom collectif, ou d'une société en commandite simple, la loi se satisfait de la majorité des associés en capital (25).

S'il s'agit d'une société par actions (essentiellement une S.A.), le quorum et la majorité demeurent ceux des assemblées ordinaires (26). En revanche, l'unanimité est requise si la société par actions est plutôt par actions simplifiées (27). Les associés qui seraient liquidateurs (et donc un peu juges et parties) prennent quand même valablement part aux votes (28).

N'empêche que des situations de blocage naitront parfois de l'insuffisance éventuelle des suffrages réunis. Il appartiendra alors aux cours et tribunaux d'aider à l'émission de la décision sociale adéquate (29).

10. – L'hésitation entre l'unanimité de tous les associés ou seulement des présents et représentés.

Un arrêt rendu à propos d'une SCI antillaise a décidé d'intégrer tous les associés dans l'unanimité prévue (30). L'absentéisme de l'un quelconque d'entre eux interdisait ou invalidait toute résolution collective. Ainsi donc, *« par sa seule abstention de participer à une assemblée, un associé peut paralyser une décision »* (31).

---

25) Code de commerce, article L237-27, I, 1°.
26) Code de commerce, article L237-27, I, 2°.
27) Tout au moins, à défaut de clause contraire (Code de commerce, article L237-27, I, 3) °.
28) Code de commerce, article L237-27, IV.
29) Code de commerce, article L237-27, II.
30) CASS. CIV. 3, 5 janvier 2022, n° 20-17.428, Société BCM.
31) Henri HOVASSE, Conditions de quorum et de majorité des délibérations des associés, *Droit des sociétés n°* 5, Mai 2010, comm. 86. L'auteur ajoute, de façon plutôt énigmatique que : « *L'unanimité des associés n'est pas l'unanimité des voix. Cette distinction doit éclairer les rédacteurs de statuts* ».

Ce fut en l'occurrence un arrêt (publié), lequel semblait par conséquent promis à une application dans toutes les catégories de sociétés ; à croire tout au moins ses commentateurs (32). La vision globalisante de cette jurisprudence ne convainc pourtant qu'à peine ; serait-ce parce que tous les associés n'ont pas le droit de vote.

L'unanimité (avec eux aussi) reviendrait en définitive à leur octroyer ce droit (de vote). Certes, de façon exceptionnelle, il arrive que des titres soient en déshérence. Par exemple, parce que nul n'aura songé à les répartir lorsque la personne morale qui les détenait aura été dissoute et liquidée (33).

D'ailleurs, un professeur s'est étonné de cette jurisprudence d'après laquelle l'unanimité s'entendrait *« de tous les associés, y compris les absents »* ; d'où sa question de savoir « *s'il en va de même lorsque la décision est prise dans le cadre d'une assemblée* » (34).

Pour lui, une fois le quorum atteint, l'unanimité pouvait se limiter aux associés qui auront permis la satisfaction de ce nombre minimal de participants. Mais encore faudra-t-il un texte prescrivant un tel quorum.

---

32) Bruno DONDERO, L'unanimité, mais laquelle ? *Rev. sociétés* 2022. 167 ; Alain COURET, Jean-Jacques DAIGRE et Clément BARRILLON, Qu'est-ce que "l'unanimité des associés" ? *D.* 2022. 403.

33) Alain COURET, Jean-Jacques DAIGRE et Clément BARRILLON, précités.

34) Bruno DONDERO, L'unanimité, mais laquelle ? Rev. sociétés 2022. 167 : « *La Cour de cassation [...] reconnaît [...] un caractère impératif au principe d'unanimité qu'elle affirme trouver à l'article 1852 du code civil, ce qui lui permet de voir les règles statutaires éventuellement prévues par les statuts de la société civile comme « aménageant ce principe d'unanimité ». Ce n'est cependant pas dans ce sens qu'est écrit l'article 1852...* ».

11. – L'interprétation du rejet ou du maintien de l'unanimité par les membres.

L'unanimité signifie davantage qu'un commun accord des présents. En effet, il faut également tenir compte des associés absents. La cour d'appel de Versailles a pu préciser que l'unanimité prévue par l'article L227-3 du code de commerce porte forcément sur la totalité des associés « *liés par le pacte social et pas seulement de ceux des actionnaires présents ou représentés à l'assemblée* » (35).

Chaque fois que la volonté contraire des associés ne transparait nullement des statuts, les dispositions interprétatives de l'article 1852 du Code civil doivent s'appliquer. À savoir : l'unanimité dans toute assemblée générale extraordinaire (36).

Mais le besoin d'interprétation pourrait résulter de l'attitude d'un associé lors de l'assemblée (37). Par exemple, peu avant le scrutin, il aura quitté la salle de réunion. Du moment que tous ceux qui y seront demeurés votent pareillement, pourra-t-on raisonnablement conclure à une décision prise à l'unanimité ?

D'après la jurisprudence, la réponse est négative, « *dès lors qu'en l'absence dudit associé, les délibérations n'ont pu intervenir à l'unanimité des associés ou de leurs représentants ayant émargé les feuilles de présence* » (38). La présence fugace de l'intéressé aura

---

35) Cour d'appel de Versailles, 24 février 2005, (sans référence, mais sur le site de la Cour de cassation).

36) Code civil, article 1852 : « *Les décisions qui excèdent les pouvoirs reconnus aux gérants sont prises selon les dispositions statutaires ou, en l'absence de telles dispositions, à l'unanimité des associés* ». COUR D'APPEL Paris, pôle 5, 9e ch., 29 oct. 2009, Packo c/ SCI Moulin de la rivière. Henri HOVASSE, précité.

37) François-Xavier LUCAS, Calcul du quorum à l'occasion d'une consultation des associés par correspondance, *Droit des sociétés n°* 4, avril 2007, comm. 68.

38) Cour d'appel de Paris, 2e ch., sect. B., 9 avril 1993, Archaimbault c/ Archaimbault ; *Bull. Joly Sociétés* 1993, p. 755, § 219, note P. Le Cannu.

déjà au moins permis d'atteindre le quorum indispensable au commencement de la délibération.

12. – Une unanimité pour la prorogation de la durée de la société car préjudiciable potentiellement.

Peu avant le début de notre second millénaire, une opération de défiscalisation (aux Antilles) aura fourni l'illustration du besoin d'un quorum de 100 %, à cumuler avec un accord collectif de 100 % des associés. Concrètement, l'on se devait de redouter le moindre absentéisme.

En l'espèce, des sociétés avaient acquis (ensemble) des lots d'un hôtel guadeloupéen. Pour la gestion des droits de jouissance correspondants, ces sociétés créèrent une société en participation : LA MAISON CRÉOLE. Selon toute apparence, la gérante ainsi créée n'avait pas vocation à perdurer, puisque la prorogation de son existence aura été nécessaire en l'an 2000, puis en l'an 2004.

Or, par la suite, la société commune poursuivit son activité (plus longtemps), sans la moindre décision nouvelle et unanime de rallongement de sa durée. Alors, certaines des associées obtinrent de la cour d'appel de Paris (3 juin 2016), l'annulation de la dernière prorogation ; cela, malgré l'apparente incompétence territoriale de cette juridiction de contrôle (39).

C'est ensuite vainement que les intimés, déçus par la cour d'appel, se pourvurent en cassation. L'arrêt de rejet (20 décembre 2017) se

39) La cour d'appel de Basse-Terre apparaissait à première vue comme la juridiction de second degré territorialement compétente. Mais, en l'espèce, il s'agissait d'une société en participation (Code civil, article 1871). C'est-à-dire une société sans immatriculation au RCS, donc sans personnalité juridique, et sans siège social (ou, vulgaireemnt sans domicile fixe). Du coup, la compétence parisienne était admissible.

fonda essentiellement sur l'article 1871 du code civil (40). Car les juges du second degré avaient relevé *« que la résolution n° 3 adoptée par l'assemblée générale du 27 septembre 2004 non seulement prolonge pour cinq ans la durée de la société, mais en outre interdit toute sortie des lots aux dates initialement prévues et impose le maintien de leur mise à disposition en jouissance au profit de la SEP durant cette nouvelle période »* (41).

Pour la Cour de cassation, c'était à bon droit que la cour d'appel en aura déduit que la résolution litigieuse augmentait les engagements des participants ; une augmentation impossible à défaut d'unanimité.

13. – L'unanimité parfois ramenée à une majorité renforcée.

Alors que des précisions (des épithètes) sont accolées au terme majorité, ce n'est guère le cas pour l'unanimité. Sans doute celle-ci doit-elle toujours être pure et simple. Mais des juges ont conclu à l'existence d'une unanimité dans le cas baroque ci-dessous, relatif à l'exclusion d'un associé.

En l'espèce, parce qu'il avait voté non à sa propre exclusion, l'intéressé soutenait qu'il n'y aura pas eu d'unanimité contre lui. Plus concrètement, dans cette histoire, un médecin était l'un des associés d'une société civile de moyens dénommée CENTRE D'EXPLORATION

40) « *[...] les associés d'une société en participation conviennent librement de l'objet, du fonctionnement et des conditions de la société, sous réserve de ne pas déroger aux dispositions impératives de l'article 1836, alinéa 2, du même code, aux termes duquel en aucun cas les engagements d'un associé ne peuvent être augmentés sans le consentement de celui-ci* » (CASS. COM., 20 décembre 2017, pourvoi n° 16-19283).

41) *CASS. COM*, 20 décembre 2017, pourvoi n° 16-19283. Un tel accord était doublement illégal ; d'une part, il portait atteinte à la libre disposition de la jouissance des lots d'hébergement ; d'autre part, il contraignait les associés à participer aux charges liées à l'exploitation au-delà des prévisions temporelles du pacte social.

DE LA VISION. Or, à l'occasion de l'assemblée générale du 13 mai 2016, il fut congédié, conformément à l'article 13 des statuts.

L'article statutaire en question prévoyait que : *« lorsque la société comprend au moins trois associés, l'assemblée générale statuant à l'unanimité moins les voix de l'associé mis en cause, peut, sur proposition de tout associé, exclure tout membre de la société pour les causes suivantes [...] »*. C'est sans succès que le médecin exclu aura tenté de faire valoir qu'une telle disposition était contraire à l'article 1844 du Code civil, puisqu'aboutissant à le priver du droit de vote (42).

Toutefois, la cour d'appel de Paris (19 septembre 2017) lui donna tort. Car ce médecin avait assisté à l'assemblée générale litigieuse, et (il) avait *« émis un vote dont il a été tenu compte »*. La Cour de cassation (24 octobre 2018) approuva la solution, au motif que la cour d'appel avait *« déduit exactement que la décision de son exclusion s'est trouvée acquise en raison de l'unanimité des voix des autres associés qui y étaient favorables »* (43).

En l'espèce, l'unanimité avait besoin d'une précision (d'ailleurs statutaire), à savoir l'unanimité des autres associés.

---

42) Selon lui, la stipulation litigieuse devait être regardée comme étant non écrite. Ainsi, pas besoin d'invoquer la nullité, et donc de s'astreindre à la démarche correspondante. Certes, dans cette matière civiliste, il était plutôt facile d'oublier la clause en y jetant un voile.

43) *CASS. COM.*, 24 octobre 2018, pourvoi n° 17-26402.

LES PRÉALABLES AU PROCÈS POUR DÉFAUT DE QUORUM

Clotaire MOULOUNGUI
Maître de conférences hors classe à l'ULCO (académie de Lille)
Ancien Chef du Département Gestion des Entreprises et des Administrations
Responsable de la licence professionnelle Métiers de la Gestion et du Social

Résumé : Les juridictions françaises, toujours en retard dans le traitement des contentieux, friseraient l'embolie si tout citoyen était admis à saisir la justice pour n'importe quelle illégalité observée dans la vie économique et sociale. L'on comprend dès lors facilement que l'action en justice ne soit reconnue qu'à quelques personnes. Ces dernières ne se présentent pas pour autant les mains vides (avec leur seule parole), pour amener le juge à décider dans le sens qu'elles désireraient. Il s'agit-là de la question des preuves au procès. Bref, le thème du quorum outrepassé conduit donc à explorer successivement le droit d'agir en justice et les preuves à l'appui de la demande.

Mots clefs : Délibérations ; quorum ; décision sans quorum ; procès ; annulation ; intérêt à agir ; indemnisation.

Abstract: French courts, always behind in handling disputes, would be on the verge of collapse if any citizen were allowed to bring a case to court for any illegality observed in economic and social life. It is therefore easy to understand why legal action is only granted to a few individuals. However, these individuals do not appear empty-handed (with only their word), to persuade the judge to decide in the way they desire. This is the question of evidence at trial. In short, the theme of exceeding the quorum thus leads to a successive exploration of the right to take legal action and the evidence supporting the claim.

Keywords: Deliberations; quorum; decision without a quorum; trial; annulment; interest in bringing proceedings; compensation.

1. – La charge de la preuve du défaut de quorum ou de l'excessivité de l'absentéisme.

Les juridictions françaises, toujours en retard dans le traitement des contentieux, friseraient l'embolie si tout citoyen était admis à saisir la justice pour n'importe quelle illégalité observée dans la vie économique et sociale. L'on comprend dès lors facilement que l'action en justice ne soit reconnue qu'à quelques personnes.

Ces dernières ne se présentent pas pour autant les mains vides (avec leur seule parole), pour amener le juge à décider dans le sens qu'elles désireraient. Il s'agit-là de la question des preuves au procès. Bref, le thème du quorum outrepassé conduit donc à explorer successivement le droit d'agir en justice et les preuves à l'appui de la demande.

A. – Les titulaires de l'action en dénonciation du quorum outrepassé

2. – La question de la recevabilité de l'action contre la délibération sans quorum.

Qui peut actionner la justice, pour le défaut de quorum constaté lors d'une assemblée générale, ou lors d'un conseil d'administration ? Surtout qu'il est de tradition que nul ne plaide par procureur (interposé) ; sauf le Roi, puis la République. C'est pourquoi le justiciable intéressé s'efforcera-t-il d'agir personnellement ou par l'intermédiaire d'un représentant qui pourrait être légal, ou judiciaire ou conventionnel.

Toutefois, le plaideur voit sa demande examinée au fond seulement lorsque celle-ci apparaît comme étant recevable (44). Car, pour

---

44) Voici les trois conditions de recevabilité que le pourfendeur du défaut de quorum devra remplir : le délai pour agir ; la qualité pour agir ; l'intérêt à

commencer, il serait inconvenant de la part du justiciable d'entamer une procédure dont il n'attendrait rien du tout ; ne serait-ce que la satisfaction d'un intérêt moral.

En pratique, le juge vérifie que le demandeur démontre son intérêt à agir. En outre, il semblera au juge qu'il sera inopérant de traiter un dossier dont les délais pour agir seraient dépassés. Pour finir, l'auteur de la saisine du tribunal sera forcément titulaire de la personnalité juridique ; qu'il soit un individu ou une personne morale (45).

2. – Les doutes liés au quorum pour le mandat judiciaire contre la délibération sans quorum.

Le mandat judiciaire reçu sans quorum pour le compte d'une personne morale semble fragile. Certes, la cour administrative d'appel de Lyon (25 octobre 2012) a affirmé se satisfaire de l'impression de régularité du PV constitutif du mandat judiciaire d'une association de chasse.

En effet, a-t-il dit : *« il n'appartient pas à la juridiction administrative, à laquelle est produite une délibération d'une assemblée générale, régulière en la forme et signée du président de l'association, de vérifier si les conditions dans lesquelles cette assemblée a été convoquée et a délibéré sont conformes aux règles du droit privé qui régissent les associations »* (46).

---

agir. À l'inverse, le justiciable qui serait une personne morale, devra avoir donné à son représentant un mandat judiciaire respectueux du quorum.

45) Eddy LAMAZEROLLES, Irrégularité de l'action en justice de la société en formation, *D.* 2000. 62 ; Bruno DONDERO, Détenir des actions sans avoir la personnalité juridique, et autres questions passionnantes, *D.* 2022. 1950.

46) Cour administrative d'appel de Lyon, 25 octobre 2012, n° 10LY00269. On notera que la juridiction administrative se refuse à opérer un contrôle minimal peut-être exercé (par la juridiction judiciaire) en vue de l'exequatur de jugements étrangers ou de sentences arbitrales. Grâce à la

En l'espèce, c'est seulement après coup que les participants auront été déterminés ; ce qui étonne à peine. Car, rappelle la doctrine, il arrive que *« dans la complicité générale, le quorum ne soit atteint que grâce à des signatures de régularisation »* (47). Néanmoins, précise l'arrêt lyonnais, *« en la forme judiciaire »*. Dans cette affaire, les sociétaires attestaient qu'ils avaient participé à l'assemblée générale extraordinaire litigieuse par laquelle l'association aura autorisé la saisine de la justice en son nom.

De fait, les témoignages recueillis semblaient *« de nature à établir, en tout état de cause, la régularité, au regard des règles de quorum, de cette délibération autorisant le président à agir en justice pour le compte de l'association, à supposer d'ailleurs qu'une assemble générale extraordinaire avec quorum des deux tiers et non une simple assemblée générale ordinaire était nécessaire pour donner cette autorisation au président »* (48).

3. – L'invalidation du mandat judiciaire pour irrégularité de l'assemblée.

Au contraire, peu d'années auparavant, et pour le même type d'association, le tribunal administratif de Dijon (17 novembre 2009) avait opté pour l'irrecevabilité de l'action introduite au nom de L'ASSOCIATION AMICALE DES CHASSEURS DU GRAND BRAGNY. Une décision rendue *« aux motifs que la délibération de l'assemblée générale extraordinaire produite était signée du seul président »* (49). Certes, et de plus, l'état récapitulatif des participants comportait quatre colonnes : *"présent"* ; *"excusé"* ; *"absent"* ; *"émargement"*.

---

procédure d'exequatur, ces jugements et sentences deviennent exécutoires sur le territoire de la République.

47) Bernard PACTEAU (Chronique Sous la direction de), sous COUR D'APPEL ADMINISTRATIVE Bordeaux, 13 février 2007, n° 04BX00407, Commune Sainte-Anne [Martinique].

48) Cour administrative d'appel de Lyon, 25 octobre 2012, n° 10LY00269.

49) Voir l'arrêt de la cour administrative d'appel de Lyon, 25 octobre 2012, n° 10LY00269 ; en l'occurrence, cette cour a reproché aux juges dijonnais d'être excessivement exigeants.

Or, outre que les intéressés (forcément les présents) n'ont pas signé dans la colonne prévue à cet effet, ils ont simplement tracé une croix en face de leur nom. La conclusion des juges lyonnais aura alors été que : *« en l'absence de signature des participants à l'assemblée générale la régularité de la délibération, et par là la qualité pour agir de M. [le président], n'étaient pas établies ».*

Dans cette affaire-là, il était finalement impossible de savoir si les absentéistes étaient demeurés à un niveau faible (ou raisonnable) ; c'est-à-dire si le quorum avait été satisfait.

4. – L'inutilité du quorum pour le mandat judiciaire en cas d'urgence.

L'urgence permet parfois de regarder comme valable une décision n'ayant point bénéficié de la bénédiction de l'assemblée concernée. Par exemple, la saisine du juge (par le président d'une institution) peut être subordonnée (par les statuts) à autorisation préalable (50).

S'agissant d'une action au fond, le juge se doit de vérifier l'existence et la validité de l'habilitation qui lui est exhibée (apparence de quorum et de majorité). Toutefois, "*quand la maison brûle*", et plus généralement en cas de péril imminent, le gérant ou l'administrateur doit pouvoir prendre immédiatement toutes mesures de sauvegarde. Vu que ces mesures seront provisoires, il restera possible d'y revenir au besoin.

L'image de la maison qui brûle a été introduite dans les annales du droit en 1902. Cela aura été sous la plume de Jean ROMIEU, commissaire du gouvernement, au Tribunal des conflits. Il était

50) On ne voit pas d'emblée pourquoi le responsable d'une institution ne pourrait agir librement contre quiconque semblerait porter atteinte aux intérêts de cette institution. Le risque financier encouru est si faible : peu de dommages-intérêts pour recours téméraire à la justice ; application aux seuls étrangers de la caution judicatum solvi (en prévision d'une condamnation et fuite vers son pays d'origine).

question de se passer d'une condamnation préalable du juge judiciaire pour une exécution forcée (contre un administré). L'extrême urgence justifie de sacrifier (passagèrement) une liberté individuelle au profit de la mise en œuvre d'une loi.

On comprend dès lors que, sous le couvert de l'urgence, le Conseil d'État déclare recevable la requête présentée en référé par un dirigeant sans mandat (51). En pareilles occurrences, la question de l'absentéisme n'est dès lors pas soulevée.

5. – L'ouverture de la contestation du quorum aux administrés.

En droit public, relativement aux assemblées territoriales, les conditions de quorum constituent une formalité substantielle (52). Aussi tout administré de ce territoire, s'il est apparemment intéressé, engagera-t-il valablement un recours pour excès de pouvoir (53).

Cette personne intéressée (expression qui ici n'a rien d'infamant) sera peut-être alors l'un des conseillers (un élu) de l'institution. En tant que gardien de la loi (de la République) dans le département, le préfet a l'obligation de saisir (d'office ou sur requête) le tribunal administratif, pour le même objectif suppressif de la décision sans quorum.

---

51) CONSEIL D'ÉTAT, 7 juill. 2004 et 13 déc. 2005 ; Rép. min. n° 88740 : JOAN Q 3 avril 2007, p. 3404 ; Rép. min. n° 22119 : JO Sénat Q 5 avril 2007, p. 743.

52) Jean-Pierre COURTEJAIRE et Michel VERPEAUX, L'élection des présidents des assemblées locales et le quorum, *AJDA* 2004 p.954.

53) Il s'agit alors d'une action contre un acte dont on veut l'annulation. Plus clairement, le requérant ne recherche pas un avantage matériel ou financier pour lui-même. Il s'élève en quelque sorte en défenseur de la légalité bafouée. S'il entendait agir au profit de son patrimoine, il utiliserait un recours de pleine juridiction, encore dit recours de plein contentieux.

Cela étant, une personne morale ne saurait agir contre elle-même en cas de convocation irrégulière d'une assemblée générale. C'est plutôt l'apanage individuel de ses membres, les sociétaires ou les associés (54).

6. – L'appréciation contrastée de l'intérêt à agir contre le quorum.

En matière de copropriété d'immeuble subdivisé en appartements, l'on s'étonne parfois de ce qu'un copropriétaire procédurier dispose du droit d'agir, alors pourtant qu'il n'aura souffert d'aucun préjudice. La justification donnée à ce privilège procédural est que le respect des quorums représenterait davantage qu'un point de procédure : il constituerait une question de fond. En conséquence de quoi tout copropriétaire est réputé avoir un intérêt à agir (55).

Un tel droit se comprend plus encore lorsque le copropriétaire n'avait pas été convoqué à la réunion qui aura servi de théâtre à la décision annulable. D'ailleurs, ce droit d'agir persiste même quand l'intéressé se sera montré défaillant ; c'est-à-dire qu'il n'aura pas cru devoir se rendre (ou se faire représenter) à la réunion (56).

La loi distingue l'abstentionniste de l'absentéiste, et (elle) donne sa préférence au second (57). Toujours en matière civile, vu que

---

54) C'est du moins ce que la cour d'appel de Paris aura jugé dans le cadre d'une association. Cf. Cour d'appel de Paris, 29 mai 2001, Assoc. Home de Fontenay c/ Sofinim, Droit des sociétés 2002, n° 128, note Lucas.

55) On sait que si la loi n'a pas prévu de sanction spécifique à propos d'un vice de procédure, le plaideur ne pourra se plaindre valablement de ce vice (éventuellement survenu) que s'il en a subi un préjudice (réparable et prouvé).

56) Florence BAYARD-JAMMES, *La copropriété* / Section 2 - Exercice de l'action en nullité — 2018/2019.

57) Sa protection va curieusement au second, car l'abstentionniste aura été présent, et se sera désintéressé de la délibération en cours. Dans cet esprit, et parce qu'il se trouvera dans une situation intermédiaire, l'opposant jouit du droit de réclamer l'annulation de la délibération en question. Ainsi que

l'action en nullité relative est réservée aux personnes que la loi a entendu protéger, un arrêt affirme que : *« la nullité de l'assemblée générale de l'ASL [l'association syndicale libre], qui est une nullité relative, ne peut être invoquée que par le membre qui n'a pas été convoqué à celle-ci »* (58).

La catégorie de personnes intéressées n'est pas aussi largement ouverte que l'on s'imaginerait au premier abord. De sorte que les tiers n'ont pas le droit de se fonder sur la désignation contestable du représentant, au regard des statuts d'une personne morale, pour tenter de lui dénier l'action en justice (59).

7. – La préférence de la nullité relative par le droit des sociétés.

Si en matière de contestation d'une délibération le droit civil distingue nettement nullité relative et nullité absolue, ce n'est pas le cas en droit des sociétés. En ce domaine (et à la suite de la loi elle-même) les cours et tribunaux s'efforcent d'éviter des actions intempestives et celles marquées par la recherche d'un intérêt personnel illégitime.

Par exemple, il semble inacceptable de faire triompher un associé dont le comportement paraîtrait erratique (60). Surtout que cet associé pourrait être en partie responsable de la nullité de la délibération qu'il critiquerait ; auquel cas il se prévaudrait de sa propre turpitude pour obtenir gain de cause (61).

---

le dit une auteure : « *Il est exigé d'avoir la qualité de défaillant ou bien celle d'opposant* » (Florence BAYARD-JAMMES, précité.

58) CASS. CIV. 3, 21 décembre 2017, pourvoi n° 16-21518.

59) CASS. CIV. 1, 20 septembre 2017, pourvoi n° 16-18442.

60) Jean-Jacques ANSAULT, Le contrôle de l'intérêt à agir en nullité des délibérations sociales, *Revue des sociétés* 2012 p.7.

61) Certes, l'on se transporte probablement alors des frontières du droit pour un atterrissage sur le terrain de la morale.

De même, un gérant pourrait être la cause de la violation des règles de quorum. Le cas échéant, sa responsabilité personnelle se trouvera certainement engagée.

8. – Un gérant ou un associé comme demandeur de l'annulation pour défaut de quorum.

Relativement aux SARL, l'action en nullité de l'assemblée qui n'aura pas respecté les règles de majorité relève des prérogatives du gérant. Or celui-ci sera pourrait être la cause de l'irrespect des règles en question. Le cas échéant, n'importe quel associé peut, seul ou avec d'autres, rechercher sa responsabilité. C'est donc l'action sociale qui sera utilisée ; et les dommages-intérêts éventuels reviendront à la société (62).

Par ailleurs, il est permis à tout associé, qui a subi un préjudice en conséquence de l'inobservation des règles de quorum (ou de majorité), de se faire indemniser. Pour que cette action individuelle prospère, le demandeur devra bien sûr rapporter la preuve de son préjudice, ainsi que le lien causal de celui-ci avec le défaut de quorum (63).

B. – La preuve par tous moyens du défaut de quorum

9. – Le fardeau de la preuve sur la tête des contestataires du quorum.

La règle du quorum est susceptible de s'appliquer tant à des réunions accueillant des centaines de participants (telles les assemblées générales) qu'à celles qui n'en regrouperaient qu'une dizaine (par exemple les conseils d'administration). Dans le second cas, le

62) Deen GIBIRILA, Société à responsabilité limitée, *Répertoire de droit des sociétés*, octobre 2016, n° 548.

63) Idem.

contrôle d'identité ne semblera pas indispensable, puisque les membres se connaitront entre eux (64).

Il n'empêche que l'on aura besoin de savoir qui était effectivement présent, et quelle aura été sa position sur tel ou tel dossier. Sachant qu'en cas de procès, aucun juge ne donne gain de cause au plaideur sur la seule base de sa bonne mine. En effet, la tradition juridique veut que le demandeur établisse les faits de nature à soutenir sa prétention. Une exigence similaire concerne d'ailleurs aussi le fondement juridique de la décision juridictionnelle sollicitée (65).

S'agissant d'un défaut de quorum, l'outil probatoire le plus approprié est le procès-verbal de séance ; ou bien, le registre des délibérations. L'un et l'autre font foi jusqu'à preuve du contraire ; aussi bien en matière administrative (66), qu'en matière commerciale (67).

9. – L'absentéisme répréhensible aux réunions pédagogiques.

Les universitaires (les enseignants-chercheurs) s'abstraient fréquemment des réunions et conseils qui (peut-être) leur

---

64) C'est bien entendu par abus de langage qu'il est ici question de contrôle d'identité. Car le portier ou le secrétaire de séance se contentera de jeter un coup d'œil sur la pièce d'identité officielle qui lui sera présentée. Il ne consultera pas en outre de fichiers divers pour cerner le pédigrée délictuel du porteur du document en question (Code de procédure pénale, art. 78-2).

65) Sans la précision du « *fondement juridique de sa décision* », le juge ne met pas « *la Cour de cassation en mesure d'exercer son contrôle* » (CASS. CIV. 2, 05 mars 2020, n° 19-10.681, société AFG avocats).

66) CONSEIL D'ÉTAT, 20 janvier 1937, Crochet, Lebon p. 72. Cf. Jean-Pierre COURTEJAIRE et Michel VERPEAUX, L'élection des présidents des assemblées locales et le quorum, *AJDA* 2004 p.954.

67) « *Il est suffisamment justifié du nombre des administrateurs en exercice ainsi que de leur présence ou de leur représentation à une séance du conseil d'administration par la production d'une copie ou d'un extrait du procès-verbal* » (Code de commerce, article R225-25).

paraissent inutiles (68). Un tel absentéisme des maîtres n'agrée nullement leurs employeurs, notamment pas dans une structure d'enseignement de moindre niveau et, de surcroît, dans le secteur privé.

Lors d'un procès relatif à la dernière de ces trois hypothèses, il a pu être dit que *« le défaut d'assiduité aux réunions pédagogiques »* en cause devait être démontré par l'employeur. C'est effectivement ce qu'aura jugé la cour d'appel de Toulouse (29 octobre 2008) en faveur d'une professeure.

Le motif déterminant de la juridiction porte que : *« aucun élément sur ce point n'est produit par l'employeur qui ne met pas en mesure notre Cour d'exercer son contrôle en précisant quelles sont les réunions auxquelles Madame Sarmena Y...conviée n'a pas participé et qui, au surplus, n'apporte pas la preuve de ses allégations »* (69).

10. – L'émargement à l'entrée et l'indication du nombre de voix détenues.

Les dizaines d'actionnaires qui participent à une assemblée générale de société pourraient ne s'être jamais vus auparavant. D'où l'intérêt de procéder à l'identification des uns et des autres à l'entrée de la salle des délibérations. Il s'y trouvera précisément une feuille de présence. Celle-ci reçoit la signature des actionnaires présents ; chacun précisant par ailleurs son nombre de voix (70).

---

68) Lors des conseils de classe ou lors des jurys, il circule presque toujours une liste prévoyant le nom des participants et un emplacement pour leur signature (émargement). Sa lecture a posteriori permet d'en déduire les enseignants absents. Cette opération n'est pas souvent faite ; et le cas échéant, n'emporte aucune conséquence désagréable pour l'absentéiste.

69) Cour d'appel de Toulouse, ct0313, 29 octobre 2008, n° de RG : 07/01785, Association "Jardins d'Enfants Toulousains".

70) Code de commerce, article L225-114.

Sans ce mécanisme probatoire, il serait impossible de s'assurer de l'atteinte du quorum, puis de celle de la majorité nécessaire à la validité des décisions. Plus encore, le contrôle à l'entrée permet de s'assurer que les personnes présentes ont bien vocation à siéger (71). Dans les associations, les sociétaires se plient pareillement au rituel du contrôle de la légitimité de la présence de chacun (72).

Ici également, chaque membre précise s'il a d'autres voix (en sus de la sienne), au cas où il aurait reçu des procurations de la part d'absentéistes.

11. – L'incidence du décompte d'un tiers étrangers dans le quorum.

Le PV d'assemblée consigne par ailleurs la présence ou l'absence des personnes convoquées à la réunion, en vertu d'un texte, ainsi que la présence de tout tiers qui y aura assisté, ne serait-ce qu'en partie (73). Logiquement, ces invités n'ont pas à être pris en compte dans le quorum. Néanmoins leurs identités et propos seront clairement mentionnés dans le procès-verbal (74).

Une bien vieille jurisprudence de droit privé avait affirmé que si des tiers avaient irrégulièrement été compris dans le calcul du quorum ou de la majorité, les délibérations seraient néanmoins valables, du

---

71) Yves GUYON, Assemblées d'actionnaires, *Répertoire de droit des sociétés*, septembre 2002.

72) De fait, « *la tenue des assemblées est régie par des règles essentiellement coutumières, communes à toutes les assemblées délibérantes, qu'il s'agisse d'associations, de sociétés, de syndicats de copropriétaires, etc.* » (ANONYME, Formalités préparatoires à la tenue de l'assemblée, Juris Corpus Droit des associations et fondations).

73) Ainsi, peut être légitime, la présence d'un étranger à la personne morale, dans la salle de son assemblée générale ou de son conseil d'administration. Pourquoi donc sera-t-elle là ? Ce sera généralement pour éclairer les décideurs sur un point quelconque (juridique, fiscal, écologique, etc.).

74) Paul DIDIER et Philippe DIDIER, Droit commercial, t. 2, Les sociétés commerciales, Corpus Droit Privé, Economica, 2011, n°710.

moment que même sans leur participation litigieuse (sans leur voix), le quorum ou la majorité auraient été satisfaits (75).

Récemment, un « *arrêt rendu par la chambre commerciale de la Cour de cassation en date du 12 octobre 2022 et publié au Bulletin est particulièrement intéressant en ce qu'il apporte des réponses à certaines questions que l'on se pose depuis longtemps avec insistance, comme celle de savoir s'il faut annuler systématiquement les décisions prises par l'organe collégial d'un groupement, lorsqu'un membre qui ne devrait plus siéger a participé aux délibérations* » (76).

12. – La question du quorum perdu en cours de réunion.

Le PV s'intéresse rarement aux déambulations dans les allées, de même non plus aux entrées-sorties des associés ou des sociétaires déjà identifiés (77). Dans ces conditions, peut-être que des délibérations commencent-elles, ou se poursuivent-elles, ou se concluent-elles, sans le quorum prévu.

À l'occasion des assemblées des collectivités territoriales, il n'est pas rare qu'un conseiller de l'opposition attire l'attention du président de séance sur cette possible anomalie. Cependant, si lors du vote la majorité nécessaire est réunie, l'on oublie volontiers que le décompte initial n'aura pas eu lieu (78).

Ce décompte des voix importe sans conteste au membre dont l'exclusion définitive aura été prononcée lors de la séance. À cet égard, une

---

75) Cass. Civ., 31 décembre 1906, DP 1908. 1. 513, note Percerou.

76) Bruno DONDERO, Détenir des actions sans avoir la personnalité juridique, et autres questions passionnantes, *D.* 2022. 1950.

77) Il est censé faire état de la survenance éventuelle d'un incident technique relatif à une visioconférence lorsqu'il a perturbé le déroulement de la séance.

78) Jean-Pierre COURTEJAIRE et Michel VERPEAUX, L'élection des présidents des assemblées locales et le quorum, *AJDA* 2004 p.954.

associée aura dû être maintenue dans une coopérative parce que le PV du conseil d'administration de cette institution *« n'indiquait pas la répartition des votes, ce dont elle [la cour d'appel] a exactement déduit qu'au regard de la nécessité d'un vote majoritaire des membres présents, la délibération litigieuse encourait la nullité »* (79).

Encore une fois, une telle majorité ne suffira pas si, préalablement, l'assemblée n'atteignait le nombre minimal de participants, c'est-à-dire le quorum. Ce qui peut arriver en cas de majorité simple (davantage de voix que l'autre) ou de majorité absolue (la moitié des voix plus une). En revanche, la majorité qualifiée (une quantité obligatoire de voix) risque souvent d'être supérieure au quorum classique qu'est la moitié des membres de l'institution.

13. – L'archivage de la feuille de présence ou plutôt de participation.

Le contrôle des mandats (éventuellement reçus par des membres présents) ne se borne pas à un coup d'œil sur les titres de représentation exhibés par les mandataires. En effet, leurs procurations sont aussitôt récupérées, puis jointes à la feuille de présence.

Comme cette feuille renferme finalement par ailleurs le nom des absents qui sont représentés, sans doute devrait-on lui préférer la dénomination de feuille de participation à celle de feuille de

---

79) CASS. CIV. 1, 6 décembre 2017, pourvoi n° 16-20680. Cette dame, membre d'une société coopérative agricole de vinification, en a été exclue pour irrespect de l'obligation statutaire de livrer toute sa production à la coopérative. Près de quatre plus tard, la cour d'appel de Montpellier (18 mai 2016) a remis en cause la sanction. Car, auraient dû être pesés : son ancienneté au sein de la coopérative ; les services rendus à celle-ci ; la gravité relative de son manquement.

présence. L'archivage préserve de la contestation des délibérations sur le fondement du défaut de quorum (80).

Car si le bureau prévu constate l'insuffisance des présents et représentés, il aura nécessairement levé la séance. Sinon les décisions prises seraient fragiles juridiquement parlant, puisqu'annulables ; tout au moins dans les limites de la prescription extinctive (81). On sait qu'après le délai de prescription (souvent triennale ou quinquennale), la délibération annulable se raffermit juridiquement.

Elle produira par conséquent tous ses effets, sous réserve du point de fragilité perpétuel qu'est l'exception de nullité. Celle-ci demeurera opposable par la victime d'un vice de validité de l'acte juridique (82).

14. – L'élévation des PV d'assemblées au standard de l'acte authentique.

Selon le Code de commerce, *« les délibérations du conseil d'administration sont constatées par des procès-verbaux [des PV] »*

---

80) Rép. Min. à M. T. Mariani, JOAN, du 5 février 2001, p. 839, no 54030, Juris assoc. no 243/2001, p. 8.

81) Philippe VIUDÈS, Danger d'un quorum élevé, *Juris associations* 2017, n°553, p.34.

82) *« Ainsi, la règle prétorienne traditionnelle, aujourd'hui codifiée à l'article 1185 du Code civil, suivant laquelle l'exception de nullité est perpétuelle, a vocation à être mise en œuvre quand est en cause la nullité d'une délibération d'assemblée générale. Toutefois, comme l'illustre l'abondant contentieux qu'a suscité l'exception de nullité cette dernière décennie, une telle règle n'est pas aussi aisée à appréhender qu'il y paraît »* (Jean-François HAMELIN, L'exception de nullité est perpétuelle, même en droit des sociétés, *LEDC* juin 2020, n° 113e1, p. 7). *« L'exception de nullité d'une convention de cession d'actions et d'une créance de compte courant peut être valablement soulevée, quand bien même cette convention aurait reçu un commencement d'exécution, dès lors que le délai de prescription de l'action en nullité n'est pas encore expiré »* (Frédéric DANOS, Exception de nullité et exécution partielle du contrat avant l'expiration du délai de prescription, BJS juin 2017, n° 116k1, p. 369).

(83). Ces procès-verbaux revêtent une importance particulière : ils constituent la mémoire écrite de ce qui se sera dit dans la société, à son plus haut niveau. En effet, les PV fournissent la trace des opinions et des diligences (individuelles ou collectives) des membres du conseil d'administration.

Les procès-verbaux sont établis sur un registre spécial, lequel est tenu au siège social. Ce registre est côté, puis paraphé par un juge du tribunal de commerce ; ou bien par un juge du tribunal judiciaire ; ou encore par le maire de la commune du siège social. En l'occurrence, la réglementation prévoit que le paraphe se fasse en la forme ordinaire et sans frais (84).

Le procès-verbal de la séance indique le nom des administrateurs présents ou réputés présents et ceux des administrateurs excusés ou absents (85).

15. – Les difficultés de rectification des mentions du PV établi.

La personne dont le nom aura été mentionné à tort parmi les absents, ou parmi les excusés, voire parmi les présents, se retrouvera dans une double difficulté procédurale. D'abord, cette erreur lui porte-t-

83) Code de commerce, article R225-22 alinéa 1.

84) Toutefois, les procès-verbaux peuvent être établis sur des feuilles mobiles numérotées sans discontinuité, paraphées dans les mêmes conditions que les registres et revêtues du sceau de l'autorité qui les a paraphées. Dès qu'une feuille a été remplie, même partiellement, elle doit être jointe à celles précédemment utilisées. Toute addition, suppression, substitution ou interversion de feuilles est interdite.

85) Le Code de commerce prévoit qu'en cas d'empêchement du président de séance de signer le procès-verbal de l'assemblée, deux administrateurs au moins s'en chargent. On se demande à quel moment un tel empêchement surviendra (Code de commerce, article R225-23).

elle préjudice ? Car pas d'intérêt (à la rectification), pas de procès (86).

De plus, la nature juridique du PV permet-elle une action en annulation ? En droit administratif, la réponse positive supposerait que le PV soit un acte juridique qui modifie l'ordonnancement juridique (87). Selon toute vraisemblance, la réponse négative s'impose ici. La raison est qu'il n'y a pas de recours contre les actes préparatoires (au texte à venir) d'un service public, ou contre ses mesures d'ordre intérieur (tel le jour de garde de chacun).

Bref, pas de rectification du PV en s'adressant au tribunal administratif. En général, le PV ne devient définitif qu'après des jours ; une fois que les intéressés l'auront lu et approuvé. Pour éviter la multiplicité de réserves, le secrétaire de céans sera bien inspiré de procéder à des enregistrements audio ou vidéo. Du reste, l'on ne devrait pas ensuite s'embêter à les transcrire par écrit, l'enregistrement pouvant raisonnablement se suffire à lui-même (88).

---

86) Du moins est-ce la vérification qu'opère systématiquement le juge administratif. Si le requérant n'a rien à gagner pour son patrimoine, la voie du recours de plein contentieux (ou recours de pleine juridiction) lui est fermée (et inutile). Resterait alors le recours en annulation, ou plus spécialement le recours pour excès de pouvoir. Celui-ci est ouvert à tous en vue de la défense de la légalité bafouée.

87) Cette conséquence est prêtée aux ordonnances, aux décrets et aux arrêtés. Les circulaires administratives se contentent en principe de rappeler le contenu d'une loi ou d'un décret à ses destinataires. On parle à cet égard de lettre circulaire. Encore qu'une circulaire sorte parfois de ce rôle explicatif pour permettre ou interdire. Il s'agit alors de circulaires normatives. Alors, la requête en annulation se comprend pour ces points particuliers proches de l'arrêté.

88) « *[...] la vidéo obligatoire depuis le 1er juin 2008, dans les affaires criminelles, ne ressemble en rien à la procédure anglo-saxonne. On sait en effet que celle-ci suppose un enregistrement audio ou vidéo puis la retranscription intégrale de la bande* » (Christian GUÉRY et Katia

16. – Les délits relatifs à l'inexactitude volontaire d'un PV.

S'agissant d'une demande de rectification d'une erreur matérielle, sans doute l'instance dirigeante ne fera-t-elle pas preuve d'intransigeance absurde contre le demandeur. Alors, une inscription marginale, ou une pièce annexée au PV, réparera le malentendu. À moins que l'erreur n'en soit pas vraiment une : la malice l'aura motivée.

Le tribunal correctionnel se révélera alors d'un plus grand secours au demandeur de la correction. Le délit éventuel sera, outre l'escroquerie, l'inscription de faux, ou le faux en écritures (privées ou publiques, selon le cas). La demande d'inscription de faux pourrait être incidente, et n'avoir donc pas été adressée en première intention au juge pénal. L'affaire sera par conséquent renvoyée à ce dernier en vue de la résolution de la difficulté délictuelle.

On parle ici de question préjudicielle (89). C'est après cette procédure qu'ensuite viendront les résultats envisagés dans la demande

---

KOSTULSKI, Justice en situation - Une analyse de l'activité du juge d'instruction, Les cahiers de la justice 2010. 129).

89) « *[...] la compétence de l'arbitre ne s'étend qu'à l'inscription de faux de l'article 299 du Code de procédure civile, c'est-à-dire ayant pour objet un écrit sous seing privé. Au contraire, l'inscription de faux de l'article 303 du Code de procédure civile, dirigé contre un acte authentique, n'est pas susceptible d'être soumise à l'arbitrage. Dans ce cas, l'article 313 du Code de procédure civile doit recevoir application, et l'arbitre doit surseoir à statuer dans l'attente de la décision du tribunal de grande instance. L'article 303 du Code de procédure civile prévoit que l'inscription de faux contre un acte authentique donne lieu à communication au ministère public, communication qui exclut par hypothèse la compétence du tribunal arbitral* » (Éric LOQUIN, Procédure devant les arbitres, JurisClasseur Procédure civile, Fasc. 1036, n° 44). En matière de droit de l'UE, « *Les tribunaux correctionnels sont les premiers à devoir résoudre ces demandes de renvoi préjudiciel présentées par les parties. Ce choix de saisir ou non la juridiction européenne est épineux : les incidences d'une question préjudicielle posée à la Cour de justice sont importantes sur l'instance en*

initiale relativement à la décision adoptée malgré un absentéisme excessif, c'est-à-dire le défaut de quorum.

cours, avec le problème du sursis à statuer. Mais un refus de renvoi présente des risques graves » (Coralie AMBROISE-CASTÉROT, Les juridictions pénales face aux questions préjudicielles à la Cour de justice de l'Union européenne, La Semaine Juridique Edition Générale n° 1-2, 13 janvier 2020, doctr. 39).

LA CONDAMNATION DU GONFLEMENT DES PRÉSENCES PAR LES FORMATEURS

Clotaire MOULOUNGUI
Maître de conférences hors classe à l'ULCO (académie de Lille)
Ancien Chef du Département Gestion des Entreprises et des Administrations
Responsable de la licence professionnelle Métiers de la Gestion et du Social

Résumé : La quête du profit étant le moteur des entreprises privées, même de formation professionnelle continue, la tentation est grande chez elles de considérer des stagiaires pourtant absents comme étant présents. Cette pratique aura pour effet de leur éviter un manque à gagner. Au fond, des structures publiques sont susceptibles de succomber à la même tentation. Car les subventions s'y amenuisent, tandis qu'y augmente une pression à l'autofinancement. Le problème est que le gonflement des présences (et donc la minoration des absences) des stagiaires entraîne des sanctions. Des sanctions administratives et/ou pénales, à l'encontre de la structure et/ou des dirigeants de celle-ci.

Mots clefs : Absentéisme scolaire ; formation professionnelle continue ; exagération des présences ; minoration des absences ; infractions ; amendes administratives ; amendes pénales.

Abstract: Since the pursuit of profit is the driving force behind private companies, even those in continuing vocational training, there is a strong temptation for them to consider trainees who are absent as present. This practice will have the effect of avoiding a loss of earnings. Public organizations are likely to succumb to the same temptation, as subsidies are dwindling, while pressure for self-financing increases. The problem is that inflating the attendance figures (and therefore understating the absences) of trainees leads to sanctions. Administrative and/or criminal sanctions against the organization and/or its management.

Keywords: School absenteeism; continuing vocational training; exaggerated attendance; understated absences; offenses; administrative fines; criminal fines.

1. – Des sanctions administratives et pénales contre les présences fictives.

En matière de formation professionnelle continue, plusieurs structures privées font la concurrence aux structures publiques de formation. Sachant que l'obtention de profits est la quête ultime des entreprises privées, plusieurs de celles-ci seront probablement tentée de considérer des stagiaires pourtant absents comme étant présents. Cette pratique aura pour effet de leur éviter un manque à gagner.

Au fond, des structures publiques sont susceptibles de succomber à la même tentation d'emprunter cette démarche. Car les subventions s'y amenuisent, tandis qu'y augmente une pression à l'autofinancement. Toutefois, le gonflement des présences (et donc la minoration des absences) des stagiaires entraîne finalement des sanctions. Plus précisément, leurs dirigeants et elles-mêmes subissent des sanctions administratives et des sanctions pénales.

A. – Les sanctions administratives des présences fictives

2. – L'impression d'impunité des stagiaires absentéistes.

L'absentéisme des personnes reçues par un organisme de formation cause à celui-ci divers désagréments. Si certains d'entre eux sont financiers (le manque à gagner), d'autres sont moins patrimoniaux ; ils sont surtout réputationnels (rang dans les classements). Les absentéistes souffrent eux-mêmes très peu de leur attitude irresponsable quand la formation qu'ils auront désertée leur était proposée gratuitement.

En effet, il y a un financement socialisé de l'instruction en France. Certes, un stagiaire de la formation professionnelle qui se révèlerait inconstant remboursera probablement des sommes au Trésor public. Ou bien c'est devant son employeur qu'il aura à répondre de son absentéisme et, plus généralement, de son indiscipline (90).

2099. – La finalité de la vérification de l'assiduité des stagiaires.

Le Code du travail énumère les modalités possibles de preuve de l'assiduité d'un stagiaire de la formation professionnelle (91). Cette énumération indique en premier *« les états de présence émargés par le stagiaire ou tous documents et données établissant sa participation effective à la formation »*.

En second lieu, le législateur renvoie aux documents ou données relatifs à l'accompagnement et à l'assistance offerts par le dispensateur de la formation. Enfin, sont considérés comme probatoire de l'assiduité : les comptes rendus de positionnement et les évaluations organisées par le dispensateur de la formation, lesquels jalonnent ou terminent la formation.

Mais pourquoi contrôler la présence effective du stagiaire au sein de l'organisme de formation ? Parce que, dit le Code du travail : *« l'assiduité du stagiaire contribue à justifier de l'exécution de l'action de formation »*. Ce qui signifie d'une part que l'employeur aura satisfait son obligation légale et, d'autre part, que l'organisme de formation aura rempli son obligation contractuelle.

Il est néanmoins excessif d'utiliser l'expression *« au sein de l'organisme de formation »*, car la réglementation envisage des *« séquences de formation ouvertes ou à distance »* (92). Selon le législateur, quatre

90) Une voie de rétorsion existe pour l'un et l'autre financeur des formations. En revanche, l'organisme de formation se trouve juridiquement (et donc financièrement) démuni en cas d'absentéisme invétéré de stagiaires.

91) Code du travail, article D6353-4.

92) Code du travail, article D6353-4.

types d'actions concourent à l'acquisition des compétences analysables comme étant de la formation professionnelle.

Ce sont : les actions de formation par apprentissage ; les actions de formation continue ; les bilans de compétences ; les actions en vue de la validation des acquis de l'expérience (93).

3. – Des amendes pour fraude liée à l'une des actions de développement des compétences.

Des organismes tant privés que publics se sont lancés dans la formation professionnelle. Leur paiement est à la charge de la collectivité, surtout la collectivité des employeurs. Le financement socialisé le dispute dorénavant à l'individualisation de la décision de dépenser (94).

À l'occasion de ces actions de formation utiles au développement des compétences des travailleurs, un organisme de formation pourrait se montrer malhonnête. Le comportement coupable s'illustrera par la réalisation intentionnelle de *« documents de nature à obtenir indûment le versement d'une aide, le paiement ou la prise en charge de tout ou partie du prix des prestations de formation professionnelle ».*

Il appartient à l'autorité administrative de fixer l'amende prévue à l'encontre des employeurs et/ou des organismes fraudant ainsi (95). La personne morale en cause se retrouvera débitrice de l'amende, solidairement avec ses dirigeants ; que ceux-ci soient des dirigeants de fait ou de droit. La dette alors ainsi due au Trésor public s'élèvera éventuellement à *« une somme égale aux montants indûment reçus ».*

---

93) Code du travail, article LL6313-1.

94) Anne-Sophie GINON, Chômage et vulnérabilités : entre généralisation des destinataires et personnalisation des prestations d'accompagnement ? RDSS 2023. 426.

95) Code du travail, article L6362-7-2.

La condamnation du gonflement des présences par les formateurs

En effet, aux termes de l'article L920-9 du Code du travail, *« En cas d'inexécution totale ou partielle d'une convention de formation professionnelle, le dispensateur de formation doit rembourser à son cocontractant les sommes qui, du fait de cette inexécution, n'ont pas été effectivement dépensées ou engagées. [...]. En cas de manœuvres frauduleuses, le ou les contractants sont, de plus, assujettis à un versement d'égal montant au profit du Trésor public »*.

Si le remboursement de l'indu est déjà pénible, le paiement d'une amende en sus ressemble à un acharnement destiné à fausser les prévisions comptables de l'entreprise.

4. – La contradiction entre les juges du fond sur le montant de l'amende.

Dans un contentieux opposant le ministre du travail à la liquidatrice d'une société prestataire de formations professionnelles (la Société 1 Pacte International) se posait la question de l'amende administrative appropriée (96). Selon le préfet de la région Île-de-France, c'est la somme de 50.156,49 euros que devait la société en cause.

Le motif est qu'elle *« avait systématiquement établi des attestations de présence ne correspondant pas à l'assiduité réelle des stagiaires dont elle assurait la formation et qu'elle avait, sur la base de ces fausses attestations sciemment établies, facturé à ses cocontractants un nombre d'heures de formation excédant les prestations réellement exécutées »*.

Alors que le tribunal administratif de Paris avait presque validé la sanction, en la réduisant toutefois de 7 % (à 46.789 € finalement), la cour administrative d'appel de la même ville (18 février 2010) avait exonéré la société fraudeuse. La magnanimité de la cour aura reposé sur le fait qu'il n'y avait que deux *« attestations inexactes délibérément établies »*.

---

96) CONSEIL D'ÉTAT, 13 février 2013, n° 338695, Société 1 Pacte International.

Le Conseil d'État (13 février 2013) n'a pas confirmé l'arrêt parisien. Certes, il était loisible à la juridiction d'appel de tenir compte de l'insignifiance de la fraude pour réduire l'amende corrélative. Mais, aura précisé la Cour suprême, *« elle ne pouvait en revanche, sans erreur de droit, en prononcer pour ce seul motif l'annulation totale »*.

Une amende symbolique ou bien une amende avec sursis semblait peut-être plus appropriée (97).

5. – La fixation de l'amende par le Conseil d'État (juge du droit et des faits).

Comme il en a le droit, le Conseil d'État (pourtant juge de cassation) a repris l'affaire ci-dessus de zéro (98). Il aura constaté par vérification des feuilles d'émargement remplies lors des séances de formation, et par examen de deux dossiers de stagiaires, que la SARL 1 Pacte international avait produit des attestations de

---

97) On sait que dans une affaire « *les juges avaient méconnu l'article 369 du code des douanes, car ils ne pouvaient écarter le prononcé d'une amende douanière, fût-elle d'un montant symbolique, et ils n'étaient pas tenus de prendre en considération la situation personnelle, familiale ou sociale pour en fixer le montant* » (Bernard BOULOC, Sanction d'un délit douanier, RTD com. 2023. 251).

98) Pour sa part, et sauf dans les rares cas où il ne reste plus rien à juger, la Cour de cassation doit renvoyer l'affaire à une juridiction du fond laquelle indiquera la solution juridique du litige entre les litigants. On dit que la Cour de cassation est juge du droit (et pas juge des faits, contrairement à ses juridictions subalternes). Il en va différemment dans l'ordre administratif. En effet, le Conseil d'État donne lui-même la solution du litige D'ailleurs, pendant longtemps (mais moins longtemps), il était par ailleurs juridiction d'appel des jugements de juridictions administratives de droit commun ou de juridictions administratives spécialisées. À la vérité, comme pour une sorte de symétrie avec le CONSEIL D'ÉTAT, la loi du 18 novembre 2016 a ajouté un second alinéa à l'article L411-3 du code de l'organisation judiciaire qui permet qu'en matière civile la Cour de cassation puisse *« statuer au fond lorsque l'intérêt d'une bonne administration de la justice le justifie »*.

présence correspondant en réalité à des heures de formation non effectuées.

Cette société n'aura d'ailleurs même pas prétendu qu'il y ait eu des omissions de signer de la part des stagiaires, ou des oublis de leur présenter les feuilles d'émargement. Des situations qui pouvaient justifier de pareilles signatures apocryphes.

Or la société en question n'en avait pas moins adressé à ses cocontractants un total de facturation de 46.789,29 euros. Ce procédé malhonnête était habituel (chez elle), du moins sur la période contrôlée. Vu qu'il ne s'agissait pas d'erreurs, mais d'une pratique délibérée, c'est indiscutablement en conséquence de manœuvres frauduleuses qu'elle aura perçu les sommes litigieuses.

Le Conseil d'État en conclut que la SARL 1 Pacte International n'était pas fondée à contester la mise à sa charge d'un versement au Trésor public de la somme litigieuse.

6. – La question du montant et du principe même d'une double amende.

Les recours en contestation de l'amende fixée par l'autorité publique, voire en dénégation de la légalité même de cette sanction, relèvent de la compétence de la juridiction administrative. S'y posent classiquement les questions du bien-fondé de l'amende ; de son quantum dans l'affaire, et aussi de la pluralité de sanctions pour les mêmes faits (99).

99) Un peu comme en matière de faux et d'usage de faux, le législateur a entendu réprimer tant l'établissement que l'utilisation intentionnelle de documents permettant à un employeur d'éluder ses obligations de formation professionnelle ou lui permettant d'obtenir indûment l'attribution d'une aide en ce domaine. Que l'amende encourue représente possiblement la somme convoitée ne saurait être regardée comme manifestement disproportionnée, dit la Cour suprême.

S'agissant de ce troisième point, il coexiste une amende administrative et une amende juridictionnelle (100). L'une des deux peines ne devrait-elle pas être regardée comme superfétatoire et comme contraire au principe de nécessité (des délits et) des peines (101) ?

Le Conseil d'État répond par la négative à cette question. Il admet *« que les mêmes faits commis par une même personne puissent faire l'objet de poursuites différentes aux fins de sanctions de nature différente en application de corps de règles distincts »* (102). L'argument que l'on pourrait opposer est le principe de proportionnalité de notre système juridique de non-cumul des peines correctionnelles.

Mais, il suffit que le montant global à payer ne dépasse point le taux de l'amende la plus élevée de celles encourues (103). L'édulcoration de la sévérité se rencontre probablement souvent, *« les autorités administratives et judiciaires compétentes devant veiller au respect de cette exigence »* (104).

100) L'amende juridictionnelle sera une amende délictuelle fondée sur le délit d'escroquerie. Des développements sont consacrés à cette question un peu plus loin dans ce document.

101) Ce principe est posé par la Déclaration de l'Homme et l'Homme et du Citoyen de 1789, en son article 8 (*« La loi ne doit établir que des peines strictement et évidemment nécessaires »*. Pas de sadisme de la part de la collectivité ; la sanction doit avoir du sens, et doit demeurer proportionnée à la finalité alors ainsi poursuivie.

102) CONSEIL D'ÉTAT, 1re et 4e chambres réunies, 03 octobre 2018.

103) Aux États-Unis d'Amérique ou en Arabie Saoudite par exemple, le prévenu ou l'accusé encourt l'addition des sanctions prévues pour chacune des infractions pour lesquelles il sera poursuivi. En France, le principe est plutôt celui du non-cumul des peines (criminelles et délictuelles). La personne reconnue coupable (et sans excuse) de plusieurs infractions subira les peines prévues pour la l'infraction la plus grave. C'est une sorte de *"prix de gros"*. Attention, si les infractions en cause sont des contraventions, il y aura autant d'amendes qu'il y aura de cas de violation de la loi (ou plutôt du règlement : décret ou arrêté).

104) CONSEIL D'ÉTAT, 1re et 4e chambres réunies, 03 octobre 2018. Encore une fois, les peines pénales pour escroquerie sont d'une nature différente de la

7. – Les conditions d'annulation de l'amende administrative par le juge administratif.

Lors du prononcé du montant de l'amende administrative, un autre principe pénaliste doit être respecté : le principe d'individualisation des peines (105). Ce principe est à l'évidence satisfait puisque la nature de l'amende et son montant dépendent de la propre fraude du fautif. Naturellement, le juge (administratif) restera à l'écoute des explications de l'escroc présumé, l'escroc prétendu (106).

Si nécessaire ce juge annulera l'arrêté individuel de remboursement, ou en réduira le montant. La première de ces deux possibilités (l'annulation) concernera le cas où l'Administration aura commis une erreur sur la réalité des faits. La seconde (la réduction) supposera que l'amende dépasse le fruit obtenu ou espéré de l'infraction.

Ou bien en cas de dépassement du maximum prévu comme amende du type d'escroquerie constaté ; un dépassement par l'amende

---

sanction administrative d'amende. Elles pourraient donc cohabiter sur la tête de l'auteur de faits d'escroquerie au préjudice des financeurs de la formation professionnelle. Pourvu que le principe de proportionnalité soit pris en compte ; tout sanction doit sembler en rapport avec les faits blâmables de la personne à punir.

105) Ce principe d'individualisation des peines découle de l'article 8 de la Déclaration des droits de l'homme et du citoyen du 26 août 1789. Il aura été inspiré par le philosophe (des Lumières) Cesare BECCARIA, dans un ouvrage paru en 1764 : *« Des délits et des peines »*.

106) En France l'on n'est pas présumé coupable d'une infraction. L'innocence est au contraire présumée, aussi longtemps que des juges indépendants ne se seront prononcés définitivement sur la culpabilité. Les textes de base sont la Déclaration universelle des Droits de l'Homme, article 11 ; Déclaration des droits de l'homme et du citoyen, art. 9 ; Convention Européenne des Droits de l'Homme, art. 6). En matière civile, les parties sont par ailleurs supposées être honnêtes et loyaux ; « *La bonne foi est toujours présumée, et c'est à celui qui allègue la mauvaise foi à la prouver* » (Code civil, art. 2274).

administrative, ou par l'amende juridictionnelle, ou par l'addition de l'une et de l'autre (107). Par exemple, comme déjà vu précédemment, le tribunal administratif de Paris (10 décembre 2008) avait passé de 50.156,49 euros à 46 789,29 euros une sanction préfectorale (108).

Au contraire, la cour administrative d'appel (18 février 2010) l'a réduite à néant ; elle a en effet simplement annulé l'amende litigieuse. Le Trésor public (en fait le ministère du travail) a toutefois obtenu du Conseil d'État un retour à la décision fructifère des premiers juges (109).

8. – La solidarité ou la responsabilité in solidum des escrocs de la formation professionnelle.

Le Code du travail prévoit la solidarité, dans le paiement de l'amende, entre les dirigeants de l'entreprise employeuse et celle-ci, ou entre les dirigeants du prestataire de formation professionnelle et celui-ci. Étant précisé qu'aucune différence de traitement ne sera à faire entre ceux d'entre eux qui seraient de droit, et les autres, seulement de fait.

Comme chacun l'a appris en droit civil, la solidarité constitue une garantie personnelle grâce à laquelle le créancier de plusieurs codébiteurs à la fois exigera son paiement intégral à l'un quelconque d'entre eux. Répondre ainsi de tous les autres

---

107) On se demandera si le pénal tiendra le civil (l'administratif) en l'état. On devrait pouvoir répondre que non, car l'imputation et la culpabilité pénales seront toujours beaucoup plus exigeantes qu'en matière administrative. Les protagonistes ne bénéficient donc pas d'une protection similaire, même si le juge administratif s'est historiquement révélé comme le juge des libertés face aux abus de l'Administration.

108) Il s'agissait d'un arrêté du préfet de la région Île-de-France, en date du 13 juillet 2004. Cour administratif d'appel de Paris, 18 février 2010, n° 09PA00746, Société 1 Pacte International.

109) CONSEIL D'ÉTAT, 13 février 2013, n° 338695, Société 1 Pacte International.

codébiteurs solidaires s'appelle l'obligation à la dette. Encore qu'une distinction doivent être faite entre ceux de premier rang (les colocataires, les co-emprunteurs) et ceux de second rang (les avalistes, les cautions).

Du point de vue de la nature juridique, *« la solidarité est légale ou conventionnelle ; elle ne se présume pas »* (110). Par respect de cette interdiction de déduction de la solidarité alors qu'elle ne serait pas exprimée expressément, la jurisprudence a forgé la notion de responsabilité in solidum à l'égard des débiteurs de dommages-intérêts extracontractuels (111).

Ici, le Trésor public dispose donc d'au moins deux débiteurs : l'entreprise concernée et son dirigeant. Naturellement, il en aura davantage de débiteurs si la décision frauduleuse a été ourdie à plusieurs.

9. – L'action récursoire et la subrogation en faveur du payeur de l'amende.

Si les (simples) employés ne ploient pas sous la solidarité avec l'employeur, en revanche un dirigeant de fait de l'entreprise encourra le même risque patrimonial que celle-ci. Dans le service public, il arrive que l'on rencontre à la fois une faute de service et une faute personnel (de l'agent). Une action récursoire existera pour le remboursement partiel de celui, d'entre le fonctionnaire ou l'administration, aura indemnisé la victime (112).

---

110) Code civil, article 1310. En vérité, les juges ont quand même institué une solidarité commerciale. Y sont tenus les sociétés (commerciales) et les commerçants (loin de leur vie privée).

111) Les débiteurs en cause auront été condamnés sur la base des articles 1240 et suivants du Code civil. L'indemnité sera peut-être fixée par une juridiction pénale (intérêts civils) contre les coauteurs du dommage consécutif à la perpétration d'une infraction pénale.

112) Ce fut le cas dans l'affaire Maurice PAPON. Celui-ci était secrétaire général de la préfecture de Gironde où il aura fait montre de trop de zèle dans la collaboration de la France avec l'Occupant. Il s'est plus précisément agi d'une contribution à la déportation de Juifs.

On sait qu'un dirigeant de fait est celui qui, mettant en avant un prête-nom (un homme de paille), gère en réalité la société ou, tout au moins, en prend les décisions stratégiques. Il donne donc des ordres au pseudo-gérant, tout en espérant que celui-ci n'envisage de s'émanciper de son emprise (113).

Le juge prendra soin de déterminer la part finale de chacun dans la dette ; c'est la seconde facette de la solidarité, appelée contribution à la dette. En application de ce principe de droit de la solidarité, celui des coobligés qui aura payé l'amende introduira une action récursoire afin de se faire rembourser, au moins en partie. Le mécanisme de la subrogation jouera éventuellement ici.

La personne qui paie pour autrui, sans intention libérale définitive, peut se faire rembourser. Tout d'abord, elle dispose d'une action personnelle issu de son paiement (spontané, sans obligation). D'un autre côté, il lui est possible de recueillir les droits et garanties du créancier désintéressé. Le nouveau créancier (le subrogé ou créancier subrogé) prendra presque toute la place qu'occupait l'ancien créancier (le subrogeant ou créancier subrogeant).

En vérité, le subrogé devra diviser son recours, et peut-être supporter l'insolvabilité de quelques uns de ses anciens codébiteurs (114).

---

113) L'écrivain Marcel PAGNOL avait imaginé la chose dans sa pièce de théâtre TOPAZE (1928). L'homme de paille n'aura plus obéi à son maître, lequel n'avait pas juridiquement prise sur lui. En effet, la société était à son nom, et il en était le gérant. L'acteur FERNANDEL y excelle dans la version filmée, en 1933 ; une dizaine de versions existent, y compris à l'étranger (USA, Égypte, Chine, Angleterre, Suède).

114) Curieusement, si le subrogeant lui a laissé sa place en acceptant moins que ce qui lui était dû, le subrogé n'aura pas le droit d'en profiter ; il ne doit pas s'enrichir enseigne-t-on presque unanimement. Il y a cependant une doctrine minoritaire. Cf. Clotaire MOULOUNGUI, *L'admissibilité du profit dans la subrogation*, LGDJ, 1995.

10. – Le droit du payeur à une action récursoire contre son coauteur.

La possibilité de se faire rembourser, en totalité peut-être, montre que l'obligation solidaire des coauteurs n'est pas une punition. C'est seulement une garantie forcée. Les personnes sanctionnées par l'Administration auront donc tort de prétendre que *« nul n'est punissable que de son propre fait »* (115).

Plus précisément, les employeurs condamnés pour avoir cherché à éluder leur obligation de formation professionnelle, de même que les organismes prestataires de formation qui entendraient frauder, seraient mal fondés à invoquer l'atteinte à nos valeurs constitutionnelles. Les textes combinés, relatifs à l'amende administrative et à l'amende juridictionnelle, cadrent avec le bloc de constitutionnalité. C'est du moins ce qu'a juge le Conseil d'État, refusant de renvoyer au Conseil constitutionnel la QPC correspondante.

Bien sûr, le Conseil constitutionnel n'est nullement engagé, ni tenu, par cet avis du Conseil d'État. Du reste, une Question Prioritaire de Constitutionnalité est susceptible de passer par l'intermédiaire, cette fois, de la juridiction judiciaire. Celle-ci est notamment compétente pour les escroqueries et les faux.

---

115) Le principe (a valeur constitutionnelle) se trouve dans les articles 8 et 9 de la Déclaration des droits de l'homme et du citoyen du 26 août 1789. Le Code pénal de 1994 le reprend à son compte ; article 121 : *« Nul n'est responsable pénalement que de son propre fait »*.

B. – Les sanctions pénales consécutives aux fausses présences

11. – Le délit d'escroquerie pour demande de paiement de prestations imaginaires.

Craignant que l'absentéisme de ses stagiaires lui provoque un manque à gagner, un organisme de formation professionnelle voudra s'en protéger en fournissant aux tiers financeurs des faux, ou bien il se livrera à d'autres manœuvres frauduleuses. Le Code pénal trouve alors à s'appliquer.

Celui-ci pourchasse non seulement la quête de rentrée illicite d'argent, mais également les économies envisagées en éludant son obligation de formation envers son personnel. Ces deux situations infractionnelles correspondent au délit d'escroquerie (116).

12. – La variabilité des escrocs et de leurs sanctions.

En matière d'escroquerie, l'amende de base se monte à 375.000 euros, et pourrait atteindre 750.000 euros. L'amende ainsi doublée vise les escroqueries faites au préjudice des personnes publiques, ou au préjudice d'organismes (privés) chargés d'une mission de service public. Ce sont-là des sanctions applicables aux personnes physiques ; en revanche, les personnes morales encourent le quintuple. Autrement dit, à l'égard d'une telle personne les sommes en question deviennent respectivement 1.875.000 euros et 3.750.000 euros.

Une autre différence entre les deux types d'escrocs (personnes physiques ou personnes morales) se situe sur deux points. D'une part, les personnes physiques risquent par ailleurs l'emprisonnement et diverses privations de droits, civiques, civils et

---

116) Le Code pénal en prévoit des variantes dans ses articles 313-1, 313-2 et 313-9.

de famille (117). D'autre part, les personnes morales subissent éventuellement une interdiction d'exercer ; une fermeture plus ou moins longue ; voire la dissolution.

Selon la loi, les prévenus probables de ces agissements frauduleux sont : les employeurs ; les membres des professions libérales ; les travailleurs indépendants ; de même que les responsables d'opérateurs de compétences ou de fonds d'assurance-formation (118).

13. – L'éventualité d'un partage de responsabilité entre l'escroc et sa victime.

Dans un arrêt confirmatif correctionnel, la cour d'appel de Paris (27 septembre 2017) a déclaré un cogérant d'organismes de formation coupable d'escroquerie. La condamnation était circonscrite au dysfonctionnement de sa société (Emc Consulting). Ce gérant avait interjeté appel en vue d'une diminution des intérêts civils. Au contraire, l'appel incident (de la partie civile) réclamait une augmentation des dommages-intérêts de première instance.

C'était en l'espèce surtout une question d'argent. Les agissements délictueux du prévenu avaient consisté en la présentation, à l'organisme collecteur (l'OPCA "Constructys"), des dossiers comprenant quelques documents falsifiés. Et pourtant, il espérait une exonération ; au motif qu'il avait été soumis à la tentation par la victime elle-même. C'est vrai que les contrôles de cette dernière étaient rares et succincts.

Dans sa réponse, la Cour de cassation (19 décembre 2018) donna à penser qu'un tel argument pouvait triompher. Sauf qu'en l'espèce, *« il n'était pas démontré que les contrôles de l'OPCA, dont le caractère défectueux, tant sur les critères d'admission des dossiers*

---

117) L'escroquerie (simple) est punie de 5 ans d'emprisonnement, et l'escroquerie aggravée de 7 ans.
118) Code du travail, article L6355-24.

que sur le contenu de ceux-ci, avait été souligné par les deux juridictions, auraient incité l'intéressé à commettre les éléments constitutifs des escroqueries et auraient constitué, de la part de la partie civile, un comportement fautif ayant concouru à la production du dommage, justifiant, sinon une exonération, un partage de responsabilité » (119).

Il semble que le pénaliste soit invité à s'approprier l'idée de partage de responsabilité (civile extracontractuelle) entre le prévenu et sa victime. La faute (partiellement exonératoire) pourrait s'inférer d'une somnolence de la victime au moment précis d'exercer son devoir de vigilance (120).

14. – L'escroquerie par signature ultérieure des feuilles de présence par des absentéistes.

La Cour de cassation (28 février 2018) a pareillement approuvé la cour d'appel de Saint-Denis de la Réunion (27 octobre 2016) d'avoir condamné la gérante d'un organisme de formation dénommé Campus Management (121). La prévenue avait fraudé par crainte de ne pas rentrer dans ses fonds, une fois les prestations de

---

119) CASS. CRIM., 19 décembre 2018, pourvoi n° 17-86078. Pour la comparaison, le lecteur s'intéressera aux écrits relatifs à l'indu et à la faute de la victime elle-même.

120) Pendant longtemps, une boutade civiliste (en matière contractuelle), disait que la loi ne protège pas les imbéciles (pour leurs grossières erreurs). Mais les choses changent en Europe, car la bonne foi et la coopération doivent irriguer les relations sociales (Vincent HEUZÉ, Le technocrate et l'imbécile. Essai d'explication du droit commun européen de la vente : *JCP G* 2012, 750).

121) Condamnation à dix-huit mois d'emprisonnement avec sursis, cinq ans d'interdiction d'exercer une activité sociale en relation avec l'infraction, cinq ans d'interdiction de ses droits civiques, civils et de famille, limités à celui d'exercer une fonction juridictionnelle ; mesure de confiscation ; prononcé sur les intérêts civils. Tout cela, pour extorsion, abus de biens sociaux et escroquerie.

formation accomplies. Car le taux d'absentéisme était alarmant. Ses stagiaires lui venaient de contrats de professionnalisation.

Dans cette affaire, dit la Cour de cassation, *« les juges énoncent, pour condamner la prévenue du chef d'escroquerie [...] que plusieurs témoins ont confirmé la pratique consistant à faire signer la feuille d'émargement par les stagiaires même lorsqu'ils étaient absents et que la prévenue a reconnu que, dans le cas contraire, Campus Management perdait de l'argent »* (122).

Les conseillers réunionnais ont dès lors caractérisé le délit d'escroquerie en tous ses éléments, tant matériel qu'intentionnel.

15. – Le délit d'extorsion par exigence de sommes indues à un public captif.

Toujours pour rentrer dans ses fonds, la gérante de l'affaire ci-dessus sollicitait des stagiaires une participation financière de 2000 euros ; en sus des frais de dossier et des droits universitaires. Une exigence rétroactive, puisque parvenant lorsque les enseignements avaient commencé depuis un certain temps déjà. Les récalcitrants et les insolvables couraient le risque d'exclusion de l'organisme de formation et, conséquemment, l'impossibilité du passage des examens.

Mais parce que grand seigneur, ou plus surement par crainte d'une visibilité trop nette de ses violations de la loi, le paiement n'était jamais comptant. En effet, un échelonnement était offert sur treize mois (à raison de 154 € chaque fois). Manifestement, le délit d'extorsion (de fonds) était par ailleurs constitué aux côtés du délit d'escroquerie (123).

---

122) Cass. Crim., 28 février 2018, pourvoi n° 17-80684.

123) La condamnation du chef d'extorsion se comprendrait au regard des articles L6332-14 et L6332-89 du code du travail et de la circulaire DGEFP n°2007/21 du 23 juillet 2007 relative à la mise en œuvre du contrat de professionnalisation. En effet, ces textes n'envisagent aucune participation

Les fonds en question ne demeuraient pas intégralement dans les caisses de l'organisme ; mais ils profitaient aussi à la gérante, à titre personnel (124). C'est la question du cumul de la responsabilité pénale de la personne morale et de la personne physique (125).

16. – L'escroquerie par envoi de factures fictives à des organismes de financement.

Il résulte en outre d'un arrêt de la cour d'appel de Paris (16 février 2016), et du jugement qu'il aura confirmé, que le gérant de la société JF Consulting et ses comparses avaient été poursuivis sous la prévention d'escroquerie. Car courant janvier 2010 à février 2011, il avait trompé les associations OPCAIM et ADEFIM en leur

---

du salarié. D'ailleurs, le contrat est plutôt signé entre l'employeur et l'organisme de formation. Aux termes des dispositions spécifiques de ce type de contrat, le salarié reçoit une rémunération mensuelle minimale. Celle-ci s'amenuise par ailleurs, pour absentéisme par exemple. Et, cette dernière contreviendrait à l'article L3231-2 du code du travail. Dans le même esprit d'un revenu assuré, la circulaire précitée rappelle que la prise en charge des contrats de professionnalisation revient aux OPCA, et qu'en cas d'excédent de dépenses ou de refus de prise en charge, une procédure spécifique est mise en place par les services sociaux.

124) Dans une telle hypothèse de pluralités de délits (escroquerie et extorsion), s'impose la règle francophone du non-cumul (des délits et) des peines. En effet, seules les sanctions de l'infraction la plus sévèrement punie sont concrètement infligées au coupable. Mais comment choisir ? La comparaison est parfois délicate. Notamment quand l'extorsion entraîne un emprisonnement de sept ans et une amende de 100.000 €, et l'escroquerie cinq années d'emprisonnement et 375.000 €. La privation de liberté étant plus grave qu'une perte patrimoniale. Conclusion : l'extorsion l'emporte alors sur l'escroquerie. Non, il n'y a pas de panachage des 7 ans de l'extorsion et des 375.000 de l'escroquerie.

125) Clotaire MOULOUNGUI, L'élément moral dans la responsabilité pénale des personnes morales, *RTD com.* 1994. 441 ; La nature de la responsabilité pénale des personnes morales en France, *Revue de droit pénal et de Criminologie,* février 1995, p. 143-161.

demandant le financement de formations continues (de trois salariés de la société Logicrea).

Il leur avait transmis « *mensongèrement ces demandes au nom de la société Logicrea* », pour la somme de 9328,8 €. Concrètement, une fausse convention confiait à la société JF Consulting la charge de la formation des trois salariés, en contrepartie d'un paiement direct de la part des associations dispensatrices de fonds de la formation professionnelle.

C'est dans ce cadre qu'une facture fictive de frais de formation aura été établie, de même que des attestations (tout aussi mensongères) de fin de stage. Les prévenus risquaient gros. Mais, malgré leurs aveux, ils auront échappé aux foudres de la loi, puisque la Cour de cassation (20 avril 2017) aura annulé leur condamnation ; pour des raisons de procédure, comme dirait (avec fatalisme) l'homme de la rue (126).

17. – Le concert frauduleux entre des employeurs et un organisme de formation dans l'hôtellerie.

Bien souvent, l'escroquerie à la formation professionnelle se limite à un organisme de formation et/ou à un employeur. Néanmoins, il arrive qu'une affaire implique nombre de coauteurs et de complices. C'est alors un concert frauduleux ayant un chef d'orchestre et des instrumentistes d'importance variable.

---

126) CASS. CRIM., 20 avril 2017, pourvoi n° 16-81452. L'arrêt a été censuré au visa de l'article 388 du code de procédure pénale et du principe selon lequel « *les juges ne peuvent statuer que sur les faits dont ils sont saisis à moins que le prévenu n'accepte expressément d'être jugé sur des faits distincts de ceux visés à la prévention* ». De sorte que, « *en retenant des manœuvres qui auraient été réalisées dans une période non visée par la prévention et sans constater que le prévenu avait accepté d'être jugé sur des faits d'escroquerie commis au moyen de ces manœuvres, la cour d'appel a méconnu le texte susvisé et le principe ci-dessus rappelé* ».

Devant la cour d'appel de Paris (7 octobre 2015), c'était par exemple une soixante de personnes qu'il y aura eu à juger pour escroquerie au préjudice de la FAFIH (le fonds d'assurance de la formation dans l'industrie hôtelière). En l'espèce, des directeurs d'hôtel du GROUPE HÔTELIER TIMHOTEL étaient censés avoir reçu des formations en audit social et en droit social auprès de la société FORMATION CONSEIL AUDIT (FCA), spécialisée dans la formation continue des adultes (127).

Les poursuites se sont apparemment focalisées sur les personnes physiques, alors que la responsabilité des personnes morales, qui les employaient, s'envisageait aussi (128).

18. – Le concert frauduleux à la formation professionnelle d'intérimaires.

Dans une autre affaire, l'employeur était de mèche avec l'organisme de formation pour frauder. Concrètement, le gérant de deux sociétés de travail temporaire avait contracté (pour ses 165 intérimaires) des contrats de qualification auprès de la SOCIÉTÉ "PLUS VALUES". Or, les intérimaires se sont presque toujours contentés de signer des attestations de présence en blanc, sans ensuite recevoir des enseignements.

La dispensatrice prétendue de formation avait réussi l'étape de l'agrément, avant d'avoir à présenter les documents nécessaires à l'acquittement de ses pseudo-formations. Sa condamnation pour escroquerie ne pouvait faire de doute. On pouvait cependant hésiter à propos de l'employeur de l'intérimaire, lequel s'était contenté de prétendre leur avoir donné la formation exigée par les textes.

---

127) CASS. CRIM., 5 janvier 2017, n ° de pourvoi : 15-86362, Publié au bulletin ECLI:FR:CCASS:2017:CR05767.

128) Clotaire MOULOUNGUI, L'élément moral dans la responsabilité pénale des personnes morales, *RTD com.* 1994. 441 ; La nature de la responsabilité pénale des personnes morales en France, *Revue de droit pénal et de Criminologie,* février 1995, p. 143-161.

En tous cas, ce n'est pas lui qui aura exhibé les faux documents déclencheurs du paiement indu. L'employeur aura néanmoins été condamné ; peut-être simplement comme complice (129). Encore que la distinction entre auteur et complice d'un crime ou d'un délit ait rarement de l'importance (130).

19. – La question du faux établi par un autre stagiaire par solidarité.

Le faux peut parfois être établi par les autres stagiaires solidaires ou même par le formateur compatissant. L'absentéiste réputé présent ne verra pas sa rémunération amputée à due concurrence des jours d'absence. Ils commettent alors certainement un geste répréhensible du point de vue disciplinaire ou déontologique. Mais qu'en dire au regard du droit pénal ? De toute évidence, l'auteur de l'escroquerie ne réussirait pas son forfait sans les faux reçus.

Les personnes qui les auront établis (l'on suppose en connaissance de cause) apparaissent comme complices (par fourniture de moyen). Cette qualification ou celle de concert frauduleux (faux aggravé) ne fera pas de doute relativement à des individus volontairement dans

---

129) Il convient de noter que « *sous l'empire du nouveau code pénal, la manœuvre frauduleuse peut consister dans la production de faux documents et dans l'intervention de tiers, et que le but de cette manœuvre n'a qu'une importance relative* » (Bernard BOULOC, Escroquerie, Formation professionnelle fictive, RTD com. 1997 p.519 ; Crim. 21 nov. 1996, Bull. crim. n° 421).

130) Dans de telles infractions, les auteurs principaux et les complices encourent les mêmes sanctions. Peu importe que le crime ou que le délit ait été complètement consommé, ou qu'il soit resté à l'état de tentative (mais sans désistement volontaire). Compte tenu du principe de l'individualisation des peines (ou de la personnalisation des peines), le complice récidiviste pourrait néanmoins subir une sanction plus sévère que celle infligée à l'auteur principal qui serait un simple primo-délinquant. Cf. Code pénal, articles : 121-6 ; 132-24 à 132-70-3.

la violation des règles sociales (131). On rappellera qu'un avantage personnel n'est pas indispensable au profit du complice.

131) Dans l'affaire dit Bygmalion, « *Le tribunal les a reconnus coupable de complicité d'escroquerie. Il a jugé qu'ils « avaient agi de concert et que leur participation aux faits litigieux résultait de la signature par chacun d'eux d'au moins un engagement de dépenses, à l'en-tête de l'UMP* » (Pierre-Antoine SOUCHARD, Bygmalion : le tribunal adapte « *la sévérité des peines prononcées à la gravité des faits commis* », DA 1 octobre 2021).

LE PRIMAT DES SANCTIONS DISCIPLINAIRES CONTRE LES ABSENTÉISTES

Clotaire MOULOUNGUI
Maître de conférences hors classe à l'ULCO (académie de Lille)
Ancien Chef du Département Gestion des Entreprises et des Administrations
Responsable de la licence professionnelle Métiers de la Gestion et du Social

Résumé : L'absentéisme s'envisage aisément comme un défaut de présence à un poste de travail ; la durée de cette défaillance pouvant être brève ou longue. Elle est très brève, et se compte en minutes ou en heures, lorsque le salarié : soit vient en retard au moment d'occuper son poste ; soit multiplie les pauses inopinées ; soit quitte anticipativement le lieu de travail, pour n'y revenir que le jour suivant. L'observateur identifie plus commodément cet absentéisme physique que l'absentéisme moral pratiqué par le salarié qui, sur son poste de travail, donnerait l'impression d'œuvrer à sa tâche. Or il sera en réalité en train de vagabonder par la pensée bien loin des locaux et missions indiqués par son employeur. Les deux variétés de manquements professionnels appellent certainement une sanction disciplinaire.

Mots clefs : Absentéisme ; vol du temps de travail ; sanctions disciplinaires ; sanctions morales ; retenue sur salaire.

Abstract: Absenteeism is easily thought of as a failure to attend a workstation; the duration of this failure can be brief or long. It is very brief, measured in minutes or hours, when the employee: either arrives late to their scheduled workstation; or takes numerous unannounced breaks; or leaves the workplace early, only to return the following day. The observer is more likely to identify this physical absenteeism than the moral absenteeism practiced by the employee who, at their workstation, would give the impression of working on their task. However, they will actually be wandering in their thoughts far from the premises and missions indicated by their employer. Both types of professional misconduct certainly call for disciplinary action.

Keywords: Absenteeism; theft of working time; disciplinary action; moral action; salary deduction.

1. – Les sanctions morales avant une sanction rigoureuse pour absentéisme physique ou moral.

L'absentéisme s'envisage aisément comme un défaut de présence à un poste de travail ; la durée de cette défaillance pouvant être brève ou longue. Elle est très brève, et se compte en minutes ou en heures, lorsque le salarié : soit vient en retard au moment d'occuper son poste ; soit multiplie les pauses inopinées ; soit quitte anticipativement le lieu de travail, pour n'y revenir que le jour suivant.

L'observateur identifie plus commodément cet absentéisme physique que l'absentéisme moral pratiqué par le salarié qui, sur son poste de travail, donnerait l'impression d'œuvrer à sa tâche. Or il sera en réalité en train de vagabonder par la pensée bien loin des locaux et missions indiqués par son employeur.

Les deux variétés de manquements professionnels appellent certainement une sanction disciplinaire. Presque toujours la réaction patronale commence par une simple sanction morale à l'absentéiste (132).

---

132) Dès la fin du premier semestre des facultés de droit, les étudiants savent distinguer la règle juridique de la règle morale. La première est assortie de sanctions, tandis que la seconde pas du tout (juste les remords et la réprobation sociale). Quelques auteurs assimilent dès lors l'avertissement et le blâme à des (simples) sanctions morales.

2. – L'hésitation des salariés entre franche et sournoise perturbation de la production.

Les travailleurs mécontents de leur situation professionnelle optent généralement pour la grève. Quelques autres préfèrent toutefois l'action discrète (133).

Leur idée est alors de donner l'impression de continuer le travail, mais en dégradant toutefois leur productivité. Autrement dit, il s'agit d'un contexte de sournoiserie où la volonté frontale du gréviste cède plutôt sa place à la mauvaise volonté (du *"lâche tire-au-flan"*). Selon toute vraisemblance, les inconvénients subis par l'employeur seront tout aussi graves qu'à l'issue d'une grève, voire plus.

Plus graves parce que la cause de la dégradation de la production ne sera pas immédiatement identifiable. Le droit positif refuse à une pareille fourberie (même concertée), la qualification juridique de grève. Encore que, bien à tort, l'on parle parfois de grève perlée (134).

---

133) Ordinairement, les grévistes crient haut et fort leur démarche revendicative. C'est ainsi que le déclenchement de la grève est abondamment expliqué dans les médias, les rues et les places ; « *afin que nul n'en ignore* », comme criaient les hérauts d'autrefois. Surtout pas l'employeur et les autorités publiques susceptibles d'influencer ce dernier (ou de le pousser à la médiation).

134) Anthony ASTAIX, L'arrêt de travail court et répété n'est pas une grève perlée, Dalloz actualité, 10 février 2011 : « *Cette forme de grève porte bien mal son nom puisque, justement, elle n'est pas considérée par la jurisprudence comme une grève licite en ce sens que le ralentissement du rythme de travail ou l'exécution volontairement défectueuse ou partielle du travail ne répond pas à la définition du droit de grève et ne consiste qu'en une faute disciplinaire du salarié* ». Effectivement, « *Commodité de langage, l'expression de grève perlée n'en constitue pas moins une*

En réaction, et vu que le droit du travail refuse désormais les retenues sur salaire comme sanctions contre les salariés, l'employeur ne disposera que de la voie du droit disciplinaire (135). En l'occurrence, le salarié redoutera diverses sanctions qui au final présentent un côté patrimonial, comme la mise à pied, la rétrogradation ou, plus grave, le licenciement pour motif personnel. C'est plus sévère que ce que l'on dénomme abusivement des sanctions morales.

3. – Les trois variantes du licenciement pour motif personnel.

Le salarié qui ne donne pas satisfaction à son employeur a peu de chances de conserver indéfiniment son emploi. En effet, son licenciement adviendra inévitablement. En pur droit, la séparation se fera sans besoin (juridiquement) de la moindre explication si le salarié insatisfaisant se trouve encore en période d'essai.

Mais, s'il était déjà plutôt ancien, l'employeur recourra à l'une des deux procédures suivantes. L'une concerne le salarié qui effectue mal son travail malgré sa remarquable bonne volonté. À ce salarié, manqueront hélas les aptitudes intellectuelles, sociales ou physiques nécessaires à l'accomplissement de sa tâche. Son départ empruntera juridiquement la voie du licenciement pour insuffisance professionnelle (136).

---

maladresse juridique » (Patrice ADAM, Répertoire de droit du travail / Grève dans le secteur privé Trav., octobre 2020, n° 138).

135) En conséquence, les salariés en question n'encourent pas seulement la seule suspension du contrat de travail. Des sanctions disciplinaires sont à craindre, et peut-être aussi (quand les conditions en sont réunies) des sanctions pénales et des réparations civiles. Jean MOULY et Jean SAVATIER, Répertoire de droit du travail / Droit disciplinaire Trav., février 2019 : Il ne faut pas « *oublier que les salariés qui participent à une grève perlée s'exposent à des sanctions disciplinaires, autres que pécuniaires* ».

136) Cela suppose que, au préalable, l'employeur aura satisfait à sa propre obligation de maintien et de progression des connaissances et des techniques de ce personnel. Autrement dit, la formation professionnelle

À moins que son incompétence résulte de la maladie, auquel cas l'on parlera de licenciement pour inaptitude professionnelle. L'autre voie, plus commune de rupture du contrat de travail, concerne le salarié faisant mal son travail par négligence, malice ou méchanceté. Un tel individu caressera peut-être même le secret espoir de préjudicier à l'employeur.

Alors, son départ définitif de la structure de travail recevra la qualification juridique de licenciement pour faute. Par opposition au licenciement pour motif économique, ces trois variantes (focalisées sur l'individu) sont dites licenciements pour motif personnel (137).

4. – La perte de salaire pour travail non fait (grève) mais pas pour travail mal fait ("sabotage").

En cas d'absentéisme moral, la tentation est grande chez le gestionnaire RH de recourir à un raisonnement a fortiori contre la rémunération mensuelle promise au travailleur. À savoir : si même le gréviste (pourtant protégé par la loi) doit perdre la rémunération espérée

---

offerte aura échoué à offrir au salarié les compétences souhaitables. Cette note de bas de page donne l'occasion d'une digression supplémentaire. Il se trouve que le salarié (valide) ainsi promis au licenciement se débrouillera peut-être mieux que les personnes en situation de handicap, à recruter, afin de se conformer à l'évolution bienveillante de la société et de la législation. Certes, il existe aussi des licenciements pour inaptitude physique, face à l'impossibilité de reclassement. Mais alors, l'on en revient à la difficulté d'intégrer les personnes en situation de handicap. Par ailleurs, « *de tout temps, la distinction de la faute disciplinaire et de l'insuffisance professionnelle a fait difficulté. C'est que, très souvent, l'une et l'autre se traduisent par une exécution défectueuse du contrat de travail. Comment savoir alors si cette mauvaise exécution procède d'une faute véritable ou d'une simple insuffisance professionnelle ? L'enjeu de la distinction se situe généralement dans l'application des procédures disciplinaires* » (Jean MOULY, De la relativité de la distinction entre la faute disciplinaire et l'insuffisance professionnelle, *Droit social* 2014. 381).

137) Le motif personnel étant possiblement : la faute professionnelle ; l'inaptitude professionnelle ; l'insuffisance professionnelle.

(au moins en partie), les choses ne sauraient aller mieux (à plus forte raison), pour l'auteur d'un comportement illégal (que le non-juriste jugerait de ''*sabotage*'').

Toutefois, et semblant se fonder sur la jurisprudence, un professeur enseigne que *« lorsque la tâche est exécutée dans des conditions défectueuses, le prélèvement pour service non fait ne peut être opéré »* (138).

L'un de ses collègues précise même que : *« si l'exécution est volontairement défectueuse, notamment à la suite de mouvements sociaux non qualifiés de grève, la réduction de la rémunération a pour cause l'agissement fautif, et à ce titre elle est une sanction pécuniaire (prohibée) »* (139).

À notre avis, peut-être cette position devrait-elle être nuancée, selon l'époque, ou selon l'ordre de juridiction appelé à se prononcer.

5. – La volonté de sanction pécuniaire contre le salarié réducteur volontaire de sa production.

Le conseil de prud'hommes de Paris (6 juillet 1978) avait jugé arbitraire la retenue sur salaire décidée par la SOCIÉTÉ PARFUMS ROCHAS contre l'une de ses employées pour avoir volontairement réduit le rythme de sa production. Le contexte était celui d'un soupçon de participation à une grève perlée ; c'est-à-dire l'impression d'un relâchement intellectuel et/ou physique (de la salariée) dans l'exécution du travail.

Pour sa défense, l'intéressée avait réussi à convaincre les juges du fond que, s'il était vrai qu'elle avait accompli sa tâche *« sans zèle »*, elle n'en n'avait pas moins travaillé *« normalement »*. De plus,

---

138) François DUQUESNE, Droit du travail, Mémentos LMD, Gualino, 14è éd. 2019, p. 301.

139) Antoine MAZEAUD, Droit du travail, Précis Domat Droit privé, LGDJ, 2016, n° 146.

soutenait-elle, une grève perlée doit s'apprécier par rapport à une production demandée et contrôlée. Or, l'employeur ne parvint pas à indiquer le niveau de production par rapport auquel existait le ralentissement invoqué.

Hélas pour la salariée, le jugement fut cassé (14 avril 1983). La raison est que le conseil de prud'hommes parisien aurait dû *« rechercher si comme le soutenait la société, la salariée n'avait pas réduit volontairement son rythme normal et habituel de travail, notamment en n'effectuant les opérations de conditionnement que pour une pièce sur deux ou trois, ce qui, quel que fût son mode de rémunération, aurait constitué une inexécution de ses obligations justifiant la retenue opérée en contrepartie »* (140).

Précisons que les deux principaux modes de rémunération sont, soit celui fondé sur le nombre de pièces produites, soit celui basé sur la durée du temps passé à la disposition de l'employeur (141).

6. – La jurisprudence défavorable au salarié réducteur de sa production.

Comme dans l'affaire ci-dessus, le conseil de prud'hommes de Marseille (30 septembre 1980) avait jugé *« qu'il importe peu que l'employeur soulève des moyens inhérents à la production du salarié,*

---

140) CASS. SOC., 23 janvier 1980, 78-41.578, Société Parfums Rochas, Bulletin, n°63.

141) « *Les parties au contrat de travail sont libres de déterminer le montant de la rémunération du salarié ainsi que son mode de calcul, sous réserve du respect des minima légaux et conventionnels. Or ces minima sont établis en fonction du temps consacré par le salarié à l'exécution de son contrat de travail, ce qui fait difficulté lorsque le salarié est payé, en tout ou partie, à la tâche* » (Christophe RADÉ, Paiement à la tâche, Respect du SMIC, Droit social 2005. 924). Marie-Cécile ESCANDE-VARNIOL, Répertoire de droit du travail / Salaire : définition et formes Trav., octobre 2013, n° 236 et 237 : *« le travail au temps est celui effectué par un salarié sans qu'il soit fait référence à une production quantitativement déterminée […]. À l'inverse, le salaire au rendement est le « mode de rémunération dans lequel la rémunération varie en fonction de la quantité de production réalisée ».*

comportement contre lequel il dispose de pouvoirs disciplinaires spécifiques » (142).

Le pourvoi en cassation alors formé contre ce jugement marseillais conduisit la Cour suprême (14 avril 1983) à proclamer que : *« l'employeur n'est tenu de verser la rémunération convenue que pour un travail fourni dans les conditions normales d'exécution du travail »*. Comment analyser juridiquement une telle retenue sur salaire ?

La Cour de cassation répond presque indirectement à la question, en disant que cette retenue n'est point une sanction. D'après la haute juridiction en effet, *« une réduction de salaire en cas d'exécution volontairement défectueuse du salarié ne constitue ni une compensation entre le montant des salaires et celui de fournitures faites par l'employeur prohibée par [...] [le] Code du travail, ni une amende sanctionnant une infraction au règlement intérieur prohibé [par le même Code] »* (143).

Ici encore, à l'inverse des juges du fond, la Cour de cassation pencha pour une retenue sur salaire contre le mauvais ouvrier... volontairement mauvais.

7. – Le risque financier contre les seuls (mauvais) salariés payés au rendement.

Toutefois, au début des années 90, la SNCF procéda à des retenues contre des agents flemmards. Pour le juge des référés de Gap (CDPH, 20 décembre 1989), cette mesure aura constitué un trouble manifestement illicite lui donnant compétence pour trancher le

142) Le jugement énonce par ailleurs qu'en vertu de la loi du 17 juillet 1978, l'employeur ne pouvait opérer de retenues que par compensation, en particulier en cas d'avance sur salaire.

143) CASS. SOC., 14 avril 1983, 81-40.459 et 81-40.471, Société Entreprises et Constructions de la Méditerranée, Bulletin, V, N. 196.

litige. C'est vainement que la société aura alors saisi la Cour de cassation.

En effet, lui aura-t-il été répondu : *« le juge des référés a décidé à bon droit que la retenue pratiquée sur le salaire des contrôleurs, à qui la SNCF reprochait la mauvaise exécution de leurs obligations, constituait une sanction pécuniaire interdite »* (144).

De même, un jugement du conseil de prud'hommes d'Arras (30 octobre 1990) a été cassé pour avoir refusé à des salariés improductifs leur rémunération complète. En l'espèce, l'employeur avait procédé à des retenues en tenant compte de leur *« baisse volontaire de la production »*.

Les juges du fond avaient validé la décision patronale de retenue, parce que celle-ci ne renvoyait pas à l'idée de sanction, mais simplement au *« caractère synallagmatique du contrat de travail qui veut que le salaire soit la contrepartie d'un travail effectif »*. Sans doute ces juges prud'homaux auraient-ils pu par ailleurs renvoyer à la notion d'exception d'inexécution (145).

Curieusement, la Cour de cassation répondit que : *« lorsqu'un salarié n'est pas rémunéré en fonction du rendement, la réduction de son salaire pour baisse de la production s'analyse en une sanction*

---

144) CASS. SOC., 20 février 1991, SNCF / Basset et autres, 90-41.119 à 90-41.129 inclus. En application de consignes syndicales, des sapeurs-pompiers avaient délaissé quelques unes de leurs tâches, tout en demeurant dans le centre de secours, pendant tout leur service et, disponibles pour les alertes. Le Conseil d'État aura cru pouvoir juger en appel, comme le tribunal de Rennes, que la loi du 19 octobre 1982 (retenues sur salaires) ne devait pas s'appliquer. La grève prétendue devait être requalifiée en faute professionnelle susceptible de sanctions disciplinaires (Bertrand MATHIEU, Illégalité de retenues sur salaires imposées à des agents publics ayant participé à un mouvement revendicatif, *AJDA* 1992. 371).

145) Code civil, article 1219 : « *Une partie peut refuser d'exécuter son obligation, alors même que celle-ci est exigible, si l'autre n'exécute pas la sienne et si cette inexécution est suffisamment grave* ».

pécuniaire » (146). Plus précisément, les juges du fond auraient dû *« rechercher si, comme le soutenaient les salariées, leur salaire mensuel était fixe et indépendant du rendement »*.

8. – La preuve du ralentissement volontaire avant l'éventuelle retenue.

Dans une affaire jugée par la cour d'appel de Lyon (26 avril 1989), les employeurs se sont pourvus en cassation, car les conseillers lyonnais avaient dit comme étant *« injustifiées la retenue de salaire et la mise à pied prononcées en raison d'une baisse volontaire de rendement »*.

Or, expliquèrent les demandeurs au pourvoi, *« le salaire est la contrepartie du travail de chaque salarié »* et *« commet une faute passible de sanctions, voire de licenciement, le salarié qui n'accomplit pas normalement son travail, peu important que les résultats globaux de l'entreprise restent stables par ailleurs »*.

Dès lors, argumentait encore le moyen, les juges du fond auraient dû rechercher si le salarié avait abaissé son rendement, même si en définitive les résultats globaux de l'entreprise étaient inchangés. Le pourvoi a été rejeté. Car en l'espèce, *« le ralentissement volontaire de la production n'était pas établi »*.

A contrario, dirons-nous, l'inverse pouvait (peut-être) être décidé si cette preuve avait été rapportée. Au demeurant, poursuivait l'arrêt, *« les propos collectifs [aveu de grève perlée], qui auraient été tenus par les salariés au cours de l'entretien préalable, étaient sans portée »*. En conséquence, la cour d'appel lyonnaise avait pu *« décider que la mise à pied était injustifiée »*.

Enfin, *« ayant relevé, de plus, qu'il était seulement reproché au salarié d'avoir réalisé un travail de fraisage défectueux, qui n'avait pas eu*

146) CASS. SOC., 12 avril 1995, pourvoi n° 91-40.593, Société Tricart, Bulletin 1995 V n° 133 p. 96.

de conséquence, elle a pu décider qu'il n'avait pas commis de faute grave » (147).

9. – Les réflexions initiales sur les retenues faites sur la base du rendement.

La jurisprudence admet la retenue sur salaire du mauvais travailleur sur la base du rendement insuffisant. On peut alors hésiter sur ce rendement. Déjà, parce que celui d'une équipe dépend de celui de l'ensemble des coéquipiers. Pareillement, le rendement individuel de chacun est influencé par l'activité de tous.

Dans ces conditions l'on ne peut que s'interroger sur celui des deux types de rendement qui serait pris en compte pour la retenue. Par ailleurs, les rares travailleurs qui relèvent du paiement à la tâche ou aux objectifs sont les journalistes pigistes, les représentants de commerce et les traducteurs. Une pénalité pour travail défectueux s'appliquerait-elle dans ces cas avec la bénédiction de la Cour de cassation ?

Une réponse ferme et définitive manque en droit privé. En revanche, la jurisprudence administrative paraît mieux outillée (148). C'est dans ces conditions qu'un professeur émérite soutenait que maintenir son

147) CASS. SOC., 17 avril 1991, 89-43.128, Société anonyme Omicron et Société anonyme Maurel.

148) Pourtant, écrit un auteur : « *si l'on peut se féliciter de certains rapprochements opérés entre le droit du travail et le droit de la fonction publique (ou des services publics) relativement à la grève, l'on peut contester l'illogisme et la complexité des systèmes retenus en cas d'inexécution, totale ou partielle, du service, et, incidemment, s'inquiéter de l'absence d'une législation d'ensemble propre à assurer une réelle continuité des services publics, dans le respect du droit de grève... enfin réglementé* ». Par Bertrand MATHIEU, Illégalité de retenues sur salaires imposées à des agents publics ayant participé à un mouvement revendicatif, AJDA 1992. 371.

entier salaire au travailleur négligent et/ou paresseux revenait à violer l'esprit de la loi (149).

En effet, le mauvais salarié passera souvent *''entre les gouttes''*. D'un côté, il y aura impossibilité de la retenue sur salaire, en vertu de l'interdiction des sanctions pécuniaires ; et de l'autre côté il y aura impossibilité du licenciement, pour disproportion de la sanction. Cette jurisprudence frustre la raison ; surtout celle de l'employeur et de ses autres salariés consciencieux. En effet, des salariés pourtant indifférents seront rémunérés sans avoir été utiles.

10. – Les observations complémentaires sur la jurisprudence financièrement douce pour le mauvais salarié.

Des mauvais salariés auteurs de rendements insuffisants ne subissent pas forcément de retenue sur salaire. C'est le contraire pour des salariés utilisateurs de leur droit constitutionnel de faire grève, lesquels perdront une portion de rémunération (150). On pourrait penser que cela n'est pas juste.

---

149) Car, selon lui, l'interdiction des sanctions financières supposait originellement un salarié qui, ayant accompli son labeur, était ensuite spolié de la rémunération correspondante par un employeur retors (Jean SAVATIER, Salaire. Réduction en cas de grève perlée. Sanction pécuniaire, *Droit social* 1995 p.599).

150) En d'autres termes : « *Le travailleur qui a exercé le droit de grève se trouve privé de son salaire pour le temps où il a cessé son travail. En revanche, celui qui a participé à un mouvement illicite de réduction concertée de la production continue à bénéficier de l'intégralité de son salaire pour la période où il n'a fourni qu'une prestation de travail défectueuse. Dans le premier cas, le droit disciplinaire est écarté, puisqu'il n'y a pas de faute, mais le droit contractuel, qui subordonne la dette de salaire à la fourniture de la prestation de travail, reçoit application. Au contraire, dans le cas d'un mouvement illicite de grève perlée, on écarte le droit contractuel pour s'en tenir au droit disciplinaire, qui interdit les sanctions pécuniaires, et donc les retenues pratiquées sur le salaire de l'auteur de la faute disciplinaire* »

Mais l'on rétorquera aux chercheurs d'équité que l'employeur n'est pas vraiment démuni dans le premier cas. En effet, son règlement intérieur aura sûrement prévu des sanctions pour les comportements déplorables (151). Encore que les deux parties au contrat de travail risqueront parfois d'y perdre.

D'une part, si la sanction retenue est la mise à pied ou, pire, le licenciement, l'employeur se privera d'un précieux salarié, à un moment où il aura besoin de toutes ses forces vives pour rattraper le gâchis déjà constaté. D'autre part, la sanction sera souvent trop dure pour le salarié, sinon disproportionnée, si l'employeur songe au licenciement.

Conclusion : une amende privée de quelques euros symboliques donneraient satisfaction à toutes les parties au litige, contrairement à la solution prévue dans le droit positif. Certes, des sanctions morales satisfont parfois.

(Jean SAVATIER, Salaire. Réduction en cas de grève perlée. Sanction pécuniaire, Droit social 1995 p.599).

151) Chacun sait que l'équité n'est pas une source de droit. Un procureur général près la Cour de cassation le rappelait encore dans une affaire, tout en renvoyant quelque peu à l'équité. Dans ses conclusions, il avait pu clamer à ses collègues que : « *Vous êtes des juges, vous n'êtes pas des législateurs. Que la loi vous semble, à vous, juste ou injuste, vous devez la faire respecter : c'est votre Loi suprême !* ». Mais il avait terminé son discours en ces termes : « *mais le rejet s'impose, conforme à la fois au texte, à l'équité et aux règles communément reçues en droit du travail* » (Jean CABANNES, conclusions sur Cass. Ass. Plénière, 12 mai 1989, trois arrêts, *La Semaine Juridique Edition Générale* n° 41, 11 octobre 1989, II 21322).

B. – La sanction morale comme préalable à la sévérité

11. – Les sanctions morales en doctrine.

L'absentéisme et ses variantes (a priori moins graves) font surtout l'objet de sanctions morales (152). Celles-ci n'ont pas alors le sens qui leur est donné en IGD, l'introduction générale au droit (153).

De fait, les auteurs sont nombreux à invoquer le concept. Ainsi, deux éminents enseignants-chercheurs professent que certaines sanctions n'ont pas à suivre les formalités de la procédure disciplinaire. Cela, parce qu'elles n'emporteraient nullement de conséquence pour la rémunération ou pour la carrière du salarié. D'après eux, *« il s'agit donc de sanctions morales »* (154).

Ils ajoutent que « *les observations se transforment en avertissement dès lors que l'employeur a souhaité formuler des griefs au salarié* ». En

---

152) « *Il peut s'agir de sanctions morales (avertissement ou blâme)* » (Hélène AUBRY, § 2 - Commission bancaire, *Répertoire de droit commercial / Banque et établissement de crédit*, Mise à jour de février 2023). « *L'avertissement et le blâme constituent des sanctions morales* » (Didier PORACCHIA, Laure MERLAND et Marie LAMOUREUX, Mise à jour de février 2023, § 1er - Nature des sanctions disciplinaires, *Répertoire des sociétés / Commissaire aux comptes*). Jean MOULY, Art. 1er - Avertissement et autres sanctions morales, *Répertoire de droit du travail / Droit disciplinaire*. Mise à jour de janvier 2023.

153) Dans cet enseignement de première année des facultés de droit, l'on oppose les sanctions juridiques (dont l'effectivité est assurée par l'État) et les sanctions morales (la réprobation sociale en provenance du groupe, ou le remords imposé à soi-même par le fautif). La sanction morale suppose qu'en son for intérieur le coupable aura opté pour le mal (plutôt que pour le bien), et qui l'aura manifesté extérieurement. Aux sanctions juridiques et aux sanctions morales s'ajoutent parfois les sanctions religieuses, telles que l'excommunication et l'impossibilité d'une sépulture chrétienne ou de messe de morts.

154) Jean MOULY et Jean SAVATIER, Droit disciplinaire, Sanctions disciplinaires, Répertoire de droit du travail, février 2019, n° 147 et 149.

vérité, ils songent plus précisément aux observations verbales, et non pas aux avertissements, degré selon eux déjà au-dessus (155).

Par ailleurs, des auteurs qui pourtant travaillent sur les décisions d'organismes disciplinaires leur emboîtent le pas, en parlant eux aussi de sanctions morales. S'agissant des sanctions disciplinaires applicables aux commissaires aux comptes, il est dit que ces professionnels du chiffre peuvent subir l'avertissement et le blâme, lesquels *« constituent des sanctions morales »* (156).

En ce qui le concerne, un autre auteur affirme que les trois catégories de sanctions disciplinaires encourues par les acteurs des marchés financiers sont *« des sanctions morales, professionnelles et pécuniaires »* (157).

12. – Les quatre principales sanctions morales.

Selon la source consultée, la sanction morale sera un rappel à l'ordre, un avertissement, un blâme, voire la publicité d'une condamnation (158). Cela étant, on sait qu'une personne peut manquer à son devoir (par affront, par négligence ou par oubli).

Il semble en conséquence logique de songer à réorienter sa volonté vers le respect de ce devoir. En cas d'échec, voire même dès le départ, il

---

155) *« Ces auteurs indiquent qu'au bas de l'échelle des sanctions disciplinaires se trouvent les sanctions morales, telles que l'avertissement ou le blâme, puis la mise à pied, qui n'a qu'une incidence temporaire »* (n° 146).

156) Didier PORACCHIA et Laure MERLAND, Responsabilité du commissaire aux comptes, *Répertoire des sociétés*, n° 900 ; Code de commerce, article L822-8.

157) Yann PACLOT, Autorité des marchés financiers, Attributions de l'Autorité des marchés financiers, *Répertoire des sociétés*, septembre 2014, juillet 2020, n° 132 ; Hélène AUBRY, Démarchage bancaire ou financier, *Répertoire de droit commercial*, septembre 2009, juillet 2020, n° 175.

158) La publicité de la sanction peut prendre la forme d'un affichage à la porte du tribunal ou à celle du coupable. Mais, il peut aussi s'agir d'une publication dans un ou plusieurs médias. À n'en pas douter, l'intéressé ressent alors de l'humiliation et/ou de la stigmatisation.

est envisageable d'expliquer à la personne le risque professionnel encouru du fait de son éloignement obstiné de la norme. Le blâme marque la déception ressentie par la hiérarchie, laquelle aura en définitive vainement rappelé à l'ordre ; ou qui aura averti sans résultat.

Ces trois réactions (rappel, avertissement, blâme) constituent des gradations dont aucune n'est cependant un passage obligé. Oui, aucune n'est le préalable au prononcé de l'autre. En d'autres termes, il peut y avoir blâme sans que jamais un avertissement ou un rappel à l'ordre n'aient préexisté à l'égard d'un absentéiste (159).

13. – Les sanctions morales d'après la CNIL et l'ACPR.

Une autorité administrative indépendante, la CNIL, peut aider à cerner la notion de sanction morale. Il se trouve que depuis sa création, et jusqu'en 2004, elle se contentait de signaler au parquet compétent les infractions pénales éventuellement constatées. Désormais, aura eu à préciser son secrétaire général, la CNIL disposera du pouvoir d'infliger des amendes administratives.

Cela étant, rassurait-il, *« l'avertissement, sanction morale traditionnellement utilisée par la CNIL, demeure. Son impact est loin d'être négligeable et nous allons certainement continuer à l'utiliser »* (160).

D'un autre côté, la Commission des sanctions de l'ACPR (7 avril 2014) rappelle son pouvoir disciplinaire à l'égard des organismes

159) Toutefois, en jurisprudence, ces sanctions morales apparaissent souvent comme un préalable à une éventuelle sévérité.

160) Olivia DUFOUR et Christophe PALLEZ, L'exercice du pouvoir de sanction est une révolution culturelle pour la CNIL, *LPA* 29 sept. 2004, n° PA200419501, p. 3.

d'assurance. Effectivement, elle *« peut prononcer trois types de sanction : morale, pécuniaire ou de publicité »* (161).

Par exemple, dans l'affaire SOCIÉTÉ CARDIF ASSURANCE VIE, à l'occasion de laquelle cette autorité administrative indépendante s'exprimait, avaient été infligés à la fois un blâme et une amende de 10 millions d'euros (162). Peut-être parce que cette somme paraissait faible (aux assimilés juges) elle a été complétée par ladite sanction morale (le blâme).

De sorte que dans cette AFFAIRE CARDIF, il n'aura manqué, parmi les trois catégories possibles de sanctions, que la publicité. Effectivement, l'instance administrative de régulation n'a pas cru nécessaire, soit de faire afficher la décision sur des murs, soit de l'insérer dans les colonnes d'un journal.

Cette décision n'est pas pour autant restée confidentielle, ainsi que le révèle son invocation actuelle par nos soins. En vérité, la publicité de la sanction est parfois regardée comme une sanction morale (163).

---

161) ACPR, Comm. sanctions, 7 avril 2014, procédure n° 2013-03 bis, RGDA avril 2014, n° 110q7, p. 194. L'ACPR est une autorité administrative indépendante qui œuvre au sein de la Banque de France, laquelle est une personne privée chargée d'un service public. ACPR = Agence de Contrôle Prudentiel et de Résolution.

162) Pour mémoire, la société ici sanctionnée déployait trop peu d'effort pour retrouver les bénéficiaires des sommes qu'elle détenait (qu'elle retenait) sur ses comptes au titre de l'assurance-vie.

163) Parlant de la gestion conforme des finances publiques, Stéphanie DAMAREY énonce que l'amende prononcée par la Cour de Discipline Budgétaire et Financière peut « *se doubler d'une sanction morale figurée par la publication au JO de l'arrêt rendu [...]. L'exemplarité est ici recherchée* » (Stéphanie DAMAREY, Cour de discipline budgétaire et financière, *Répertoire du contentieux administratif*, mars 2015, n° 483). L'auteure précise par ailleurs que depuis 1971, sur les 177 arrêts rendus par la CDBF, 121 ont fait l'objet d'une publication. Au fond, que cette juridiction ait rendu moins de 200 arrêts en une cinquantaine d'années

14. – La préférence jurisprudentielle pour une sanction morale avant le licenciement.

La lecture de la jurisprudence autorise à présenter les sanctions morales comme des préalables à une sanction plus rigoureuse. Ainsi, la rétrogradation et le licenciement, par exemple, doivent-ils plutôt survenir après un rappel à l'ordre, un avertissement ou un blâme. Ces mesures sont rarement accueillies avec stoïcisme par les intéressés malgré leur défaut d'inconvénient patrimonial immédiat.

Certes, un pareil effet négatif pourrait s'ensuivre, plus ou moins longtemps après. Par conséquent, des procès sont quelquefois initiés, notamment par des absentéistes, en vue de l'annulation d'un rappel à l'ordre, d'un avertissement ou d'une autre sanction morale.

15. – La compromission du licenciement de l'absentéiste impénitent par son ancienneté.

Le conseil de prud'hommes d'Oyonnax (18 Avril 2002) avait validé le licenciement d'un absentéiste impénitent. La raison avait été que ses absences, établies par divers témoins et, d'ailleurs reconnues par l'intéressé lui-même, avaient perduré pendant environ trois ans. Pour bien se rendre compte de leur régularité et de leur amplitude, il suffit de savoir que cet absentéiste ne daignait faire *« acte de présence qu'une heure par jour environ »*.

Pourtant, l'employeur, qui ne pouvait ignorer cet état de fait, s'était montré *« d'une particulière tolérance, en ne lui adressant aucune mise en demeure ou avertissement »* (164). Puis, du jour au

---

démontre, soit sa paresse, soit plutôt le strict respect des règles budgétaires par les ordonnateurs et par les comptables publics, soit encore les deux à la fois.

164) L'employeur dispose de deux mois à partir de la connaissance de la faute du salarié pour entamer une procédure visant à le sanctionner. Après l'écoulement de ce délai, l'on estime que l'employeur indifférent aura

lendemain, il (la SARL HORIBA FRANCE) finit par le sanctionner avec vigueur, au moyen d'un congédiement définitif. Cette réaction a été parfaitement comprise par les premiers juges.

Or, nonobstant la violation habituelle et certaine du temps de travail par le salarié, la cour d'appel de Lyon (4 février 2005) a réformé leur jugement. Car, même dans ce contexte, *« il ne pouvait être brutalement mis fin au contrat de travail pour faute grave, sans préavis ni indemnité de rupture, ni même pour motif réel et sérieux, après plus de vingt ans d'ancienneté à ce niveau élevé de collaboration »* (165).

Ainsi, le manque de rappel à l'ordre, et surtout l'ancienneté dans l'emploi, auront joué en faveur de l'absentéiste. Sans doute cet arrêt lyonnais n'avait-il finalement pas été attaqué par un pourvoi.

En revanche, celui de la cour d'appel de Douai (6 octobre 1983), qui s'était déjà prononcé dans le même sens que le conseil de prud'hommes d'Oyonnax (18 Avril 2002), avait été cassé. En l'espèce, (AFFAIRE DE SOUSA), la Cour de cassation (6 juillet 1987) avait jugé que : *« l'employeur ne pouvait se prévaloir comme d'une faute grave, de la répétition de faits qu'il avait tolérés sans y puiser motif de licenciement »* (166).

16. – L'illicéité du licenciement anticipé pour absentéisme futur.

Dans une affaire, la cour d'appel de Chambéry (1er mars 2001) avait répondu à un salarié que son *« absence injustifiée du 11 avril et le*

---

entendu amnistier le fautif. Pour aller plus loin sur ces questions : Bernard GAURIAU, Sur quelques délais de prescription en droit du travail, Droit social 2008. 789 ; Gustave PEISER, Le délai raisonnable pour prendre une sanction disciplinaire [en droit public], AJDA 2012. 837.

165) Cour d'appel de Lyon, 4 février 2005, n° de RG : 02/04265, SARL HORIBA France.

166) CASS. SOC., 6 juillet 1987, pourvoi n° 84-44875, M. de Sousa, Bulletin 1987 V n° 487 p. 310.

refus de se conformer aux consignes données le 22 avril par l'employeur, alors surtout que son attention avait été particulièrement attirée sur l'importance de sa présence le samedi, [constituaient] une faute grave justifiant la rupture anticipée de son contrat de travail à durée déterminée ».

En l'espèce, l'employeur lui avait demandé de venir occuper son poste de travail le 9 mai. Or, une semaine avant (le 28 avril), il avait répondu par écrit qu'il n'y serait pas. Dès lors, sachant que ce salarié ne viendrait pas le jour dit, l'employeur le licencia dès le lendemain (soit le 29 avril). Ce fut pour « *absence non autorisée réitérée, refus d'exécuter les consignes strictes et perte totale et définitive de toute confiance* ».

Et pourtant, la Cour de cassation (18 février 2004) a considéré comme étant illégale cette sanction anticipée d'un absentéisme futur. En effet, rappelle la Haute Cour, à « *la date à laquelle la rupture du contrat de travail a été prononcée par l'employeur aucune absence non autorisée n'avait été réitérée par le salarié et [...] aucune sanction disciplinaire ne peut être infligée au salariée à titre préventif* » (167).

Autrement dit, c'est la réitération des absences qui aurait pu fournir au licenciement sa (nécessaire) cause réelle et sérieuse (168).

---

167) CASS. SOC., 18 février 2004, pourvoi n° 02-41622, Bulletin 2004 V n° 54 p. 51.

168) De même, la cour d'appel d'Angers aura rendu un arrêt confirmatif reprochant à un employeur d'avoir procédé directement au licenciement (11 septembre 2012, n° de RG : 10/02880, Société Claas France). En effet, lit-on dans l'arrêt angevin : « *la société Claas France ne justifie d'aucun rappel à l'ordre personnalisé adressé à cette dernière* ». Certes, le directeur des systèmes d'information avait établi une attestation. Néanmoins, celle-ci ne permettait pas d'établir la réalité du rappel à l'ordre allégué, en ce qu'elle était vague. Dit autrement : l'existence de rappels à l'ordre aurait permis de présumer la matérialité des faits allégués au soutien du licenciement ; et celui-ci se serait alors réclamé d'un motif réel et sérieux.

17. – La contestation juridictionnelle de sanctions morales pourtant négligeables.

Même si le rappel à l'ordre est à peine une sanction (morale), certains vont néanmoins jusqu'à la Cour de cassation pour en obtenir l'invalidation. Dans un cas traité par la chambre des notaires du département de l'Eure, qui siégeait en matière disciplinaire, MAÎTRE VAUCHELLE avait subi cette peine du rappel à l'ordre.

Par délicatesse ou par paresse, ses confrères (constitués en juges) s'étaient bornés à énoncer que les faits reprochés étaient établis, et qu'ils constituaient un manquement au devoir et à la dignité professionnelle. Mais, concrètement, aucune indication sur la nature et la matérialité de la faute disciplinaire qui lui était imputée ne figurait dans la décision ordinale (169).

Appelée à se prononcer à l'occasion d'un pourvoi, la Cour de cassation (18 mai 1971) avait censuré la décision. Car l'obligation de motiver les sanctions prononcées exige implicitement de préciser les faits reprochés à la personne condamnée (170). Pour les mêmes motifs, MAÎTRE VACCHAREZZA avait déjà réussi à faire annuler le rappel à l'ordre retenu contre lui par la chambre départementale des notaires de la Mayenne (171).

Cela étant, des procès en contestation d'avertissements sont aussi intentés par d'autres individus que de tels professionnels du droit, tels des absentéistes.

---

169) Alors que la plupart des procès ont lieu portes ouvertes, le huis clos semble être la règle en matière disciplinaire. Sans doute est-ce pour préserver les chances pour l'intéressé de continuer à espérer un avenir professionnel. Dans ces conditions, on peut comprendre que (par charité) la juridiction ordinale ne procède pas à une description détaillée des agissements du confrère. Il faut croire que le notaire considérait qu'il n'avait rien à cacher aux éventuels lecteurs de la sentence le concernant.

170) CASS. CIV. 1, 18 mai 1971, pourvoi n° 70-11284.

171) CASS. CIV. 1, 14 avril 1964, n° 190.

18. – L'illicéité de l'avertissement à l'absentéiste défaillant pour cause de maladie.

La Cour de cassation (24 juin 2009) aura annulé un arrêt de la cour d'appel de Paris (8 novembre 2007). Celle-ci avait débouté une salariée de la SOCIÉTÉ ARMATIS de plusieurs de ses demandes. Par exemple, l'une sollicitait l'annulation de l'avertissement prononcé par l'employeur ; et une autre visait l'obtention de dommages intérêts en réparation du préjudice subi du fait de l'illicéité de cet avertissement.

Contrairement à notre salariée, l'arrêt confirmatif parisien aura plutôt trouvé légitimes les *« remarques à propos de son absentéisme »* ; car *« la répétition de ce comportement à fréquence rapprochée était particulièrement pénalisante pour l'employeur dans une activité de service en contact téléphonique constant avec la clientèle »*. En conséquence de quoi *« la salariée ne pouvait raisonnablement soutenir que l'avertissement contesté constituait une mesure discriminante sanctionnant son état de santé »*.

C'est néanmoins ce que la Cour de cassation (24 juin 2010) reprocha à cette cour d'appel. Car *« il ressortait de ses [propres] constatations que l'avertissement prononcé reprochait à la salariée des absences pour raison de santé, médicalement justifiées »* (172).

L'annulation peut ainsi être obtenue sur la base de l'illégalité interne de la décision (ici la stigmatisation apparente d'un malade). Elle peut en outre être obtenue sur la base d'une illégalité externe, c'est-à-dire décelable même par un non-juriste averti (173).

---

172) CASS. SOC., 24 juin 2009, Société Armatis, pourvoi n° 08-40056. Dans le même sens, et le même jour, 08-40055.

173) Cette distinction de l'illégalité interne et de l'illégalité externe est habituelle dans le recours pour excès de pouvoir devant la juridiction administrative. Jimmy ROBBE, De l'intérêt (relatif) de la distinction entre légalité externe et légalité interne, RFDA 2018. 85.

C'est le cas si la bonne procédure, pour sanctionner, n'a pas été suivie ; ou bien si, pire, une personne incompétente s'est arrogé le droit de prononcer la sanction disciplinaire, particulièrement un licenciement.

LA CONFIANCE ET DES SECRETS MÊME AUX REMPLAÇANTS FURTIFS

Clotaire MOULOUNGUI
Maître de conférences hors classe à l'ULCO (académie de Lille)
Ancien Chef du Département Gestion des Entreprises et des Administrations
Responsable de la licence professionnelle Métiers de la Gestion et du Social

Résumé : L'absentéisme et le turnover présentent au moins deux inconvénients. Le premier est l'impossibilité pour l'employeur d'accomplir sereinement ses missions. Le second inconvénient, qui découle d'ailleurs du premier, est la quantité des remplacements en urgence. Outre les interrogations alors suscitées par le profil peut-être imparfait des remplaçants (incompétence, accidentalité), il y a le fait que ceux-ci se projetteront à peine dans l'avenir de leur institution de transit. On leur soupçonnera volontiers une implication limitée, voire de la négligence. Conséquence probable : ils ne recevront pas toujours l'ensemble des secrets de production, de même que les plans et projets de l'entreprise. Comme chacun le sait, la confiance n'apparaît jamais qu'avec le temps ; c'est-à-dire après des mois de coopération.

Mots clefs : Absentéisme ; remplacement ; partage de secrets ; période d'incompétence ; temps d'adaptation.

Abstract: Absenteeism and turnover present at least two disadvantages. The first is the impossibility for the employer to fulfill their responsibilities calmly. The second disadvantage, which also stems from the first, is the number of emergency replacements. In addition to the questions raised by the possibly imperfect profile of replacements (incompetence, accidents), there is the fact that they will barely see themselves in the future of their temporary institution. They will readily be suspected of limited involvement, or even negligence. The likely consequence: they will not always receive all the production secrets, nor the company's plans and projects. As everyone knows, trust only develops over time; that is, after months of cooperation.

Keywords: Absenteeism; replacement; sharing of secrets; period of incompetence; adjustment period.

1. – Le doute sur l'implication d'intérimaires dans les objectifs à long terme.

L'absentéisme et le turnover présentent au moins deux inconvénients. Le premier est l'impossibilité pour l'employeur d'accomplir sereinement ses missions. Le second inconvénient, qui découle d'ailleurs du premier, est la quantité des remplacements en urgence. Outre les interrogations alors suscitées par le profil peut-être imparfait des remplaçants (incompétence, accidentalité), il y a le fait que ceux-ci se projetteront à peine dans l'avenir de leur institution de transit (174).

On leur soupçonnera volontiers une implication limitée, voire de la négligence. Conséquence probable : ils ne recevront pas toujours l'ensemble des secrets de production, de même que les plans et projets de l'entreprise (175). Comme chacun le sait, la confiance

---

174) Laurianne ENJOLRAS, L'autonomie du salarié, *BJT* nov. 2022, n° *BJT*201u4.

175) Plus généralement, « *depuis quelques années, le dogme de la transparence était mis en avant. Cette politique de transparence se justifiait par deux raisons principales : d'une part, par un processus vertueux de transformation des pratiques des sociétés, érigé en politique législative (ainsi obligées d'informer, les sociétés allaient transformer leurs pratiques) ; d'autre part, par une volonté de renfoncer la compétitivité des entreprises sur les marchés et de doter l'Europe de la première place financière dans le monde* » (Géraldine GOFFAUX CALLEBAUT, Secret et transparence en droit des affaires, LPA 14 nov. 2016, n° 119v1, p. 48).

n'apparaît jamais qu'avec le temps ; c'est-à-dire après des mois de coopération.

Encore que, a-t-on soutenu, *« le statut d'emploi n'est pas en lui-même un obstacle à l'implication : tout dépend notamment de la manière dont les salariés intérimaires interprètent leur relation d'emploi, à travers la notion de précarité subjective, ou précarité perçue »* (176).

2. – L'insouciance ou la malveillance d'intérimaires et stagiaires forcément de passage.

Il est légitime de redouter que du fait de leur insuffisante appartenance à la structure, les travailleurs temporaires se singularisent par une certaine légèreté. En effet, les consultants et les stagiaires éventent plus souvent que les titulaires les secrets (secrets de fabrique, secrets des affaires) auxquels ils auront pu accéder.

Juridiquement, le risque paraît facile à circonscrire grâce à : une clause de confidentialité ; une clause de non-concurrence ; le délit de violation du secret professionnel ; le délit d'abus de confiance (177). Mais, ces précautions personnelles ou étatiques sont parfois loin de suffire. Attention, le terme stage revêt un sens spécifique en droit de la fonction publique.

Il s'agit d'une sorte de période d'essai d'une année en général durant laquelle le futur fonctionnaire (ou en transition de poste) met en lumière ses qualités techniques et humaines. En cas d'insuffisance professionnelle sa titularisation sera compromise. Cela étant, le fonctionnaire stagiaire est un précieux renfort en cas d'absentéisme ; car il se donne vraiment à fond dans l'intervalle, secourant ici et là.

---

176) Alain LACROUX, *Implication au travail et relation d'emploi atypique : le cas des salariés intérimaires*, Th. Sciences de gestion, Aix-Marseille 3, 2008.

177) Emmanuel PY, Les mécanismes contractuels de protection du savoir-faire, Légicom 2013. 41 ; Yumiko KUWAMURA, Protection des secrets commerciaux et lanceurs d'alerte au Japon, *Droit social* 2022. 380.

C'est après seulement que peut-être il s'autorisera à diminuer sa débouche d'efforts ; il aura déjà presque définitivement consolidé sa position professionnelle (178).

3. – La possibilité d'espions parmi les personnels de passage.

En favorisant le turnover, les absentéistes augmentent les occasions de piratages et de dégradations contre l'entreprise (179). Ainsi, un rapport parlementaire (CARAYON) révèle qu'une étudiante chinoise avait été accueillie en stage dans l'entreprise d'ÉQUIPEMENTS AUTOMOBILE VALEO. Or, elle en aura profité pour copier (sauvegarder) de nombreux fichiers informatiques confidentiels dans un disque dur personnel.

Elle le fit au mépris des règles de confidentialité qui lui avaient été indiquées. Le délit d'abus de confiance étant alors constitué, le tribunal correctionnel de Versailles (18 décembre 2007) la condamna à une année d'emprisonnement ; dont deux mois fermes (180).

---

178) On sait que la personne liée à son employeur par un contrat bénéficie d'un droit au reclassement. Toutefois, « *ce principe général ne confère aux fonctionnaires stagiaires, qui se trouvent dans une situation probatoire et provisoire, aucun droit à être reclassés dans l'attente d'une titularisation en cas de suppression de leur emploi* » (CONSEIL D'ÉTAT, 5 octobre 2016, n° 386802, Communauté d'agglomération du Douaisis).

179) « *On assiste aujourd'hui à l'émergence de véritables techniques dites d'« intelligence économique » visant à obtenir des renseignements sur les innovations technologiques concurrentes et à protéger son propre savoir-faire, ce qui est - il est important de le préciser en préalable - parfaitement légal* » (Christophe AYELA, Espionnage industriel en France, que fait la justice, Gaz. Pal. 1 févr. 2011, p. 10).

180) http://www.assemblee-nationale.fr/13/rapports/r4159.asp.

Les agissements ici reprochés à la stagiaire auraient également pu être le fait de tout partenaire de passage dans l'entreprise, et qui n'en éprouverait d'attachement (181).

4. – Le risque pénal inférieur à l'avantage patrimonial de l'espion industriel.

Les sanctions (ci-dessus) prévues pour l'espionnage industriel paraissent bien dérisoires, par rapport à l'avantage obtenu par l'espion ; et surtout celui de ses commanditaires dont il ne sera en général qu'un vulgaire pion (182). Heureusement qu'il y a la voie de l'indemnisation civile à la charge des coupables de contrefaçon (183).

Les deux parades contre les intrus (les hôtes malveillants) restent la fidélisation des équipes (ancienneté ou intérêt commun), de même que la responsabilisation (formation et sanctions). Malheureusement, une entreprise ne saurait vivre en autarcie. Elle doit d'ailleurs prendre sa part dans la nécessaire formation professionnelle des stagiaires, en les accueillant parfois. D'autant

181) Par exemple, dans une espèce, la Commission de Bruxelles aura été poursuivie par la SOCIÉTÉ SYSTRAN qui lui avait fourni un logiciel spécifique de traduction automatique. La société se plaignait d'une divulgation illicite de son savoir-faire à un tiers (Marie MEISTER, Responsabilités contractuelle et extracontractuelle, Europe n° 6, Juin 2013, comm. 260).

182) « *En cas d'espionnage industriel, la faute risque d'être extrêmement lucrative, car les gains illégitimes obtenus et aussitôt cachés seront bien supérieurs à l'indemnité (même prévue dans une clause pénale) qui pourrait être due en vertu du contrat* » (Martine BEHAR-TOUCHAIS, Le contenu du contrat, RDC 2013, n° RDCO2013-2-045, p. 756).

183) Les tribunaux judiciaires matériellement compétents (une dizaine) vont largement au-delà de ce qu'autorise le principe de la réparation intégrale (du Code civil) lorsqu'il y a contrefaçon, concurrence déloyale ou agissements parasitaires. Car outre le paiement de dommages-intérêts pour le préjudice matériel et le préjudice moral causé à autrui, l'auteur doit par ailleurs restituer tous les avantages advenus dans son patrimoine grâce à l'infraction.

plus que ces derniers constitueront progressivement un vivier dans lequel recruter de nouveaux permanents (184).

Mais encore une fois, un intérimaire est un inconnu auquel il faut partager la plupart des secrets de l'entreprise, du moins si l'on souhaite l'élever au niveau de performance de l'absentéiste qu'il remplacera. Heureusement, le stagiaire sera facilement limité dans l'accès à certaines zones et données grâce à des habilitations sélectives.

5. – Le risque plus important d'accidents du travail chez les intérimaires.

Le remplacement des absentéistes par des intérimaires augmente l'accidentalité interne. En effet, cette main-d'œuvre de passage subit fréquemment des atteintes accidentelles à sa personne. Selon les observateurs : *« les travailleurs intérimaires sont plus souvent et plus gravement victimes d'accidents du travail tandis que le nombre de salariés sous contrats précaires ne cesse de se développer »* (185).

À l'époque de l'entre-deux-guerres déjà, un rapport d'activés britannique établissait un lien entre la fréquence des accidents dans les mines et la fréquence des mutations du personnel (the labour turnover)

184) Concernant les cabinets d'avocats, il a pu être soutenu que : « *[...] si les dépenses de formation sont une charge sur le plan comptable, elles peuvent aussi être considérées comme un investissement à part entière, et l'un des plus stratégiques de surcroît. En effet, les investissements réalisés dans la qualité de la formation des stagiaires permettent au cabinet de disposer d'un vivier de recrutement de ses futurs collaborateurs, tandis que celle des collaborateurs permet le recrutement de futurs associés. Il s'agit d'investissements de long terme mais rentables pour le cabinet, dans la mesure où le recrutement en externe de collaborateurs ou d'associés peut être tout à la fois d'un coût élevé, mais aussi très aléatoire en terme qualitatif* » (Barthélemy LEMIALE, Numérique et investissement dans les cabinets d'avocats à l'horizon 2030, Revue pratique de la prospective et de l'innovation n° 2, Octobre 2017, dossier 12).

185) Sophie DOUAY et Sophie FANTONI-QUINTON, Le suivi médical des travailleurs intérimaires, *Droit social* 2004. 636.

(186). Se pose logiquement alors la question de l'aptitude de pareils intermittents à offrir une prise en charge sécurisée à autrui, s'ils apparaissent incapables d'assurer leur propre sauvegarde.

Et dire que toute entreprise utilisatrice d'intérimaires doit conduire des actions de formation à leur profit... (187).

6. – Une formation accélérée et abrégée d'intérimaires désemparés.

Si le remplacement nécessaire doit s'effectuer dans l'urgence (et c'est souvent le cas), il n'y a guère de temps suffisant pour former la recrue aux spécificités de son poste. Même si de cette recrue, il sera attendu l'accomplissement de tâches similaires à celles de ses collègues anciens et expérimentés.

Or ces derniers ne sont pas forcément compréhensifs envers les petits nouveaux auxquels ils imputent d'ailleurs volontiers les éventuels dysfonctionnements. Comme disent les pauvres bougres : *« Faut pas chercher, c'est toujours de notre faute ! »* (188).

Notons que *« les encadrants estiment souvent que la réalisation de la production de leur équipe est entravée par la faiblesse des ressources qui leur sont attribuées : des délais trop courts, des moyens humains*

186) « *La fréquence des accidents est aussi liée à l'importance des mutations du personnel (labour turnover). En effet, les accidents causant moins de vingt jours d'invalidité sont trois fois plus nombreux dans les puits où les mutations annuelles du personnel se montent à 20 % et plus que dans ceux où elles sont moindres de 10 %. Toutefois, les accidents causant plus de vingt jours d'incapacité de travail ne sont pas affectés* ».

187) Code du travail, article L4142-2°, alinéa 2.

188) Sophie DIVAY, Les précaires du care ou les évolutions de la gestion de l'absentéisme dans un hôpital local, *Sociétés contemporaines* 2010/1 (n° 77), p. 87-109. DOI 10.3917/soco.077.0087.

ou matériels insuffisants » (189). Or, l'absentéisme enlève à cette ressource humaine déjà rare une partie de son potentiel (190).

7. – La perturbation des patients psychologiquement fragiles par le turnover des soignants.

Dans le domaine sanitaire, les patients autistes, les patients désorientés et les patients déséquilibrés mentaux ou séniles, ont besoin de routines. Parmi celles-ci, il y a la fréquentation de visages familiers, qu'ils soient parentaux ou professionnels (191).

Le lien de confiance (entre les soignants et ces patients) se tisse progressivement ; grâce à une fréquentation réciproque des uns par les autres. On comprend dès lors sans peine qu'un directeur d'EHPAD ait préconisé un management ambitieux visant *« à réduire le petit absentéisme extrêmement répandu et perturbateur, tant pour les personnels que pour les personnes âgées accueillies »* (192).

---

189) Valérie CHATEL, Mettre fin à la solitude des managers, *AJ Collectivités Territoriales* 2013 p.29.

190) Même si une certaine compensation surviendra peut-être d'un gain de productivité, les présents travaillant alors davantage qu'à l'ordinaire.

191) Thierry BOURGOIN, La personne avec autisme et les apprentissages corporels en EPS, *La nouvelle revue de l'adaptation et de la scolarisation*, Éd. de l'INSHEA, 2007, Scolariser les élèves avec autisme et troubles envahissants du développement, Hors-série (4), pp.119-124 ; Fatima BORSALI, Apprentissage par observation chez le jeune enfant avec autisme, Psychologie. Université Paul Valéry, Montpellier III, 2015.

192) Renaud PETIT et Véronique ZARDET, Attractivité, fidélisation et implication du personnel des EHP*AD* : une problématique sectorielle et de management, De Boeck Supérieur, @GRH, 2017/1 n° 22, pages 31 à 54, https://www.cairn.info/revue-@grh-2017-1-page-31.htm.

La confiance et des secrets même aux remplaçants furtifs

Curieusement, le besoin d'interlocuteurs identifiés et permanents vaut même dans le monde des affaires, dans lequel l'affect semble pourtant exclu (193).

8. – La supériorité de l'encadrement par la famille ou dans une petite structure.

Pour les services à la personne, surtout à destination des deux extrémités de la vie humaine (garde d'enfants et garde de vieillards), les petites structures connaissent un vif succès. Car il n'y a pas à redouter de relations fluctuantes et impersonnelles nouées par un personnel de passage venu remplacer temporairement des titulaires.

Concrètement, la solidarité et la bienveillance (la bientraitance, dit le jargon de métier) guident les encadrants et aidants (194). Au fond, même des personnes parfaitement intégrées et en bonne santé

---

193) Les affaires consistent en des échanges de biens et services entre fournisseurs et clients. Ces opérations reposent sur des contrats (des accords de volonté) qui sont rarement écrits. C'est le principe du consensualisme. Tout repose donc sur la confiance réciproque. Un arrêt de principe de la Cour de cassation (25 mai 1870, SOCIÉTÉ DES RAFFINERIES NANTAISES) avait posé que le silence ne valait pas acceptation. En revanche, les magistrats avaient excepté le cas de l'existence de longues relations d'affaires entre le pollicitant (l'offrant) et l'acceptant potentiel (le prospect). Plus exactement, avait dit la Cour, « en droit », « *le silence de celui que l'on prétend obliger ne peut suffire, en l'absence de toute autre circonstance, pour faire preuve contre lui de l'obligation alléguée* ». Une habitude entre partenaires relève certainement de telles circonstances.

194) « *Promouvoir la «bientraitance» et prévenir et traiter la « maltraitance » sont depuis plusieurs années des objectifs nationaux, voire internationaux, assignés aux Pouvoirs Publics, aux institutions et aux particuliers* » (ANONYME, Pour une bientraitance : faut-il repenser le soin ? Gérontologie et société 2010/2, n° 133).

psychologique peuvent préférer la petite structure ; voire la cellule familiale (195).

À n'en pas douter, la solidarité et la loyauté y sont naturelles. D'où les règles régentant la désignation des curateurs et des tuteurs (196). La proximité géographique entre aidants et aidés éloigne le risque d'absentéisme ou d'incompréhension.

Cette symbiose possible de la relation familiale et professionnelle dément quelque peu l'adage selon lequel « *il ne faut pas mélanger la famille et le travail ou les affaires* » (197).

---

195) « *Selon toutes apparences, la famille constitue le cadre privilégié de l'exercice de la solidarité. En son sein, l'on bénéficie du gîte et du couvert, voire d'une pension alimentaire et d'un héritage minimal garanti. Elle aide aussi volontiers ses membres à s'établir ou à trouver un travail. Au demeurant, le concours familial n'est pas nécessairement matériel et financier : il peut être extrapatrimonial. Le réconfort et la prise en charge de l'orphelin, surtout au moyen de la tutelle, en constituent des formes possibles. Chacun peut en outre compter sur les siens pour être vengé d'un affront ou d'une agression ou, plus sûrement, pour le fleurissement de sa tombe. Des crimes d'honneur, des vendettas ou des agressions d'instituteurs se réclament ainsi de la solidarité familiale* » (Clotaire MOULOUNGUI, La solidarité familiale, L'Harmattan, 2004).

196) « *Ce n'est que lorsque aucun membre de la famille ou aucun proche ne pourrait assumer la tutelle ou la curatelle que le juge pourrait désigner un mandataire judiciaire pour la protection du majeur* » (Jacques MASSIP, La préférence familiale en matière de tutelle, LPA 24 nov. 2006, n° PA200623505, p. 20). Précisément, « *la haute juridiction commande aux juges du fond de respecter le principe de préférence familiale* » (Gilles RAOUL-CORMEIL, LEFP juill. 2014, n° EDFP-514100-51407, p. 3, Le principe de préférence familiale).

197) Ces avantages justifient peut-être les recrutements familiaux effectués par le député puis sénateur François Fillon. Il était tellement convaincu que « *le collaborateur parlementaire est lié au parlementaire qui l'emploie par un "intuitu personae" absolu* » (Jean-Éric SCHOETTL, De la compétence contestable du parquet national financier (en particulier) et de l'autorité judiciaire (en général) pour connaître de l'affaire dite des collaborateurs parlementaires de François Fillon, *LPA* 14 février 2017, n° 124h3, p. 4).

9. – La fidélisation du personnel par des acquis sociaux paternalistes.

Pour conjurer quelques unes des causes d'absentéisme (ou de démissions et de turnover), des employeurs ont développé des politiques de fidélisation plus ou moins paternalistes (198). Ces politiques ont connu leur apogée au début du siècle dernier.

Aujourd'hui encore, plusieurs des avantages destinés d'antan à appâter les candidats constituent nos fameux ''*acquis sociaux*''. Leurs bénéficiaires bataillent régulièrement pour les conserver, malgré leur impression partagée d'anachronisme ; par exemple à la RATP ou à la SNCF (199).

Pourtant, aujourd'hui encore, la quête (ou l'offre) d'éléments d'attractivité demeure décisive dans les domaines des hôtels-cafés-restaurants et dans ceux des services à la personne. De fait, la désaffection pour la plupart des métiers du secteur tertiaire s'explique par leur insuffisant attrait. Tout au contraire, leurs inconvénients professionnels sont clairement évidents : horaires décalés, amplitudes de travail, faibles rémunérations, etc.

---

198) « *Cette fidélisation du personnel est parfois distinguée de la "captation" de main-d'œuvre que réaliseraient certaines techniques, telle la clause de dédit-formation qui oblige le salarié à payer le prix de la formation reçue lorsqu'il décide de quitter l'entreprise avant que celle-ci n'ait eu le temps de l'amortir* » (Jean MOULY, La licéité des primes de fidélité remboursables à l'aune de la liberté du travail, Droit social 2023. 654).

199) La suppression des régimes spéciaux des cheminots (quant au salaire et à la retraite) obnubile les gouvernements libéraux et leurs majorités présidentielles. Cf. Philippe COURSIER, Quelle réforme pour les régimes spéciaux de retraite ?, *Gaz. Pal.* 6 déc. 2007, p. 4 ; Thomas MONTPELLIER, Préjudice d'anxiété à la SNCF : pas de traitement spécial pour les régimes spéciaux, *Cah. Soc.* janv. 2018, n° 122e9, p. 17). Emmanuel Macron et Édouard Philippe se félicitent d'avoir fait supprimer ces avantages pour les prochaines recrues de la SNCF et de la RATP. Les anciens les conservent donc. On parle ici de la clause du grand-père. La loi discutée en 2023 en matière de retraite porte suppression (à nouveau) de quelques autres régimes spéciaux.

10. – L'attachement du salarié nippon à l'employeur et la rareté de son absentéisme.

La solution nippone au sous-effectif et à l'absentéisme avait été le système de l'emploi à vie (shūshin kōyō). La raison est que, avant les années 1920, *« l'absentéisme et les rotations du personnel sont très importants »* (200).

Pourtant, ce SHŪSHIN KŌYŌ n'aura pas été institué par un texte de loi ; il découle d'un engagement unilatéral de l'employeur. Aussi le salarié pouvait-il toujours démissionner. Néanmoins, cette faculté était neutralisée par un obstacle pratique : les employeurs s'étaient promis de ne jamais débaucher les salariés de leurs concurrents (201).

Par conséquent, puisque conscients de ne pouvoir trouver à travailler nul part ailleurs, les salariés s'efforçaient alors de toujours rendre de bons et loyaux services. Au fond, le salarié japonais était presque un serf des temps modernes, lequel ne décevait guère son patron, ni

---

200) « *Il convient néanmoins de savoir que seules les grandes structures pouvaient s'autoriser une pareille politique de long terme. Dès lors, moins de 100 % des travailleurs relevaient de ce système de l'emploi à vie ; c'était même seulement 35 %. À savoir : les fonctionnaires (10 %) et les salariés des conglomérats (25 %). C'est après les années 1980 que le système a commencé à se déliter dans le secteur privé. De sorte qu'aujourd'hui, ni l'employeur, ni le salarié, ne se croit obligés de rester liés jusqu'à la mort* » (Philippe PELLETIER, Japon, Le territoire et les hommes, Géographie, Encyclopædia Universalis [en ligne], http://www.universalis-edu.com/encyclopedie/japon-le-territoire-et-les-hommes-geographie).

201) Face à un pareil accord des employeurs, la rhétorique d'extrême-Gauche aurait pu invoquer un complot de classe contre le salariat. Cette entente économique n'est peut-être pas pour autant une pratique anticoncurrentielle.

même les autres membres de sa collectivité de travail ; une collectivité assimilable à une (seconde) famille (202).

L'employeur japonais craignait peu l'absentéisme des salariés, car ces derniers étaient prêts à plutôt mourir au travail ; c'est le célèbre KARÔSHI. Certes, des inconvénients financiers pouvaient résulter (pour l'employeur) de la reconnaissance de ce fléau en maladie professionnelle. Et ensuite, il fallait trouver des remplaçants. Autant d'évènements bien coûteux pour l'entreprise.

---

202) En pratique, l'on s'oblige à être digne d'appartenir à un collectif auquel l'on tient (et qui nous soutient moralement et financièrement).

LA DÉFAITE PAR FORFAIT DE L'ÉQUIPE ABSENTE OU INCOMPLÈTE

Clotaire MOULOUNGUI
Maître de conférences hors classe à l'ULCO (académie de Lille)
Ancien Chef du Département Gestion des Entreprises et des Administrations
Responsable de la licence professionnelle Métiers de la Gestion et du Social

Résumé : Dans une activité collégiale, la défaillance d'un des membres est susceptible de pénaliser l'équipe tout entière. Une défaillance susceptible de prendre la forme de retards, d'absences ou d'abandons. Les méfaits de l'absentéisme ne frappent pas seulement des équipes de travail ; l'on en déplore également dans les sports pratiqués en groupe. Or, beaucoup de sports sont collectifs. La majorité d'entre eux se subdivisent en sports amateurs et en sports professionnels. Les premiers sont pratiqués occasionnellement ou habituellement, mais dans le cadre du temps libre. Dans la seconde catégorie, les joueurs sont des sportifs salariés, au sein de sociétés spécialisées.

Mots clefs : Sport ; absentéisme ; défaite par forfait ; amende ; sanctions disciplinaires ; assurance annulation.

Abstract: In a team activity, the failure of one member can penalize the entire team. This failure can take the form of lateness, absences, or withdrawals. The harmful effects of absenteeism do not only affect work teams; it is also deplored in team sports. However, many sports are team sports. The majority of them are subdivided into amateur and professional sports. The former are practiced occasionally or regularly, but in free time. In the latter category, players are salaried athletes, working for specialized companies.

Keywords: Sport; absenteeism; defeat by default; fine; disciplinary sanctions; cancellation insurance.

1. – La réglementation du nombre (maximum et minimum) dans les sports collectifs.

Dans une activité collégiale, la défaillance d'un des membres est susceptible de pénaliser l'équipe tout entière. Une défaillance susceptible de prendre la forme de retards, d'absences ou d'abandons. Les méfaits de l'absentéisme ne frappent pas seulement des équipes de travail ; l'on en déplore également dans les sports pratiqués en groupe. Or, beaucoup de sports sont collectifs (203).

La majorité d'entre eux se subdivisent en sports amateurs et en sports professionnels. Les premiers sont pratiqués occasionnellement ou habituellement, mais dans le cadre du temps libre. Dans la seconde catégorie, les joueurs sont des sportifs salariés, au sein de sociétés spécialisées (204).

En compétition officielle (d'amateurs ou de professionnels), le règlement impose un certain nombre de pratiquants sur l'aire de jeu. Sans doute le spectateur moyen sait-il qu'il y a plafonnement du nombre de joueurs par équipe. En revanche, seuls quelques férus du sport considéré savent la quantité minimum en deçà de laquelle le sous-effectif est alors sanctionné.

Par exemple, comme une équipe de football comporte un gardien de but et dix joueurs de champ, le nombre 11 est l'effectif maximal (le

---

203) Par exemple : le football ; le basket-ball ; le handball ; le rugby ; le volley-ball ; le water-polo ; la natation synchronisée.

204) « *Dans un arrêt du 14 mai 2014, le Conseil d'État considère que les activités sportives à but non lucratif d'un côté, professionnelles de l'autre ne constituent pas [pour une structure] des branches d'activités distinctes au regard du droit des conventions collectives* » (Jacques BARTHÉLÉMY, Convention collective nationale du sport - Professionnel ou amateur : des activités à distinguer ?, JS 2014, n°147, p.35).

plafond) à ne pas dépasser sur le terrain. Mais restera-t-il réglementaire qu'une équipe joue en deçà de ce nombre normal de compétiteurs ?

Le lecteur inattentif répondra peut-être par la négative. Il aura oublié que lors d'un match, l'arbitre décide parfois d'expulser des joueurs fautifs ; de façon temporaire ou définitive, selon le sport (205). Deuxièmement, seuls quelques spécialistes sauront à la fois indiquer l'exigence d'un minimum de joueurs et, à combien il est fixé. Ce dernier point oblige à se préoccuper de l'absentéisme des joueurs (206).

2. – Les réactions rationnelles ou épidermiques à une défaite notamment par forfait.

Bien sûr que la déception est grande chez les coéquipiers du joueur qui aura fait faux bond à ses camarades. D'ailleurs, ses sponsors et son employeur réagiront peut-être plus énergiquement, en application de la loi du contrat et/ou du droit commun. Selon l'importance de l'équipe concernée, la défection du joueur fera probablement les

---

205) « *Petite révolution au pays qui a vu naître le football. A partir de cette saison 2019-2020, les arbitres anglais auront la possibilité d'exclure un joueur pendant dix minutes. Cette nouvelle règle instaurée par la Fédération anglaise ne concerne pour le moment que la 7e division et les divisions inférieures* » (Romain BONTE, L'exclusion temporaire instaurée en Angleterre, https://www.francetvinfo.fr/sports/l-exclusion-temporaire-instauree-en-angleterre_4583761.html).

206) Bien sûr, l'équipe n'attend pas de se trouver en compétition officielle pour se préoccuper de son effectif. Elle y pense aussi lors des entraînements, car c'est alors que l'endurance, la technique et la tactique s'acquièrent. Les absences aux entraînements constituent une incivilité de la part du pratiquant libre de venir quand bon lui semble ; c'est une faute disciplinaire pour le sportif professionnel. Peut-être pas systématiquement : Jean MOULY, Charte du football professionnel : pas de rupture anticipée du contrat de travail pour le joueur absent aux entraînements, *Droit social* 2015. 88.

grands titres de l'actualité, même quand le match aura finalement pu avoir lieu.

Récemment, le journal Le Monde a ainsi dénoncé : *« L'absence embarrassante d'un joueur du PSG lors de la journée de lutte contre l'homophobie dans le football »* (207). Un autre média aura plutôt titré que : *« L'affaire dépasse le cadre du sport [et déborde vers la religion, la politique et la diplomatie] »* (208).

Au fond, la presse et le grand public réagissent au gré de l'émotion du moment. En tous cas, pour un match annulé ou perdu, la déception des supporters se meut parfois en émeutes, en saccages et en massacres. D'ailleurs, la simple difficulté d'accès à l'enceinte du stade exaspère quelquefois et cause de semblables drames (209).

---

207) Idrissa Gueye n'a pas joué samedi soir [14 mai 2022] pour « *raisons personnelles* », selon l'entraîneur du PSG. Les associations de lutte contre l'homophobie ont rappelé que le joueur avait déjà été absent l'an passé lors de la journée de lutte contre l'homophobie (https://www.lemonde.fr/sport/article/2022/05/17/l-absence-embarrassante-d-un-joueur-du-psg-lors-de-la-journee-de-lutte-contre-l-homophobie-dans-le-football_6126445_3242.html.

208) « *Après son refus de porter un maillot aux couleurs de la cause LGBT, Idrissa Gueye aura du faire face à de nombreuses critiques, cependant contrebalancées par des soutiens dans son pays, le Sénégal* » (https://www.francetvinfo.fr/societe/lgbt/homophobie-idrissa-gueye-au-coeur-dune-polemique-mais-soutenu-au-senegal_5149186.html).

209) « *Un drame s'est produit ce lundi 24 janvier [2022] à Yaoundé. Au moins huit personnes sont mortes dans un mouvement de foule devant le stade Olembé, qui accueillait le match de la CAN entre le Cameroun et les Comores (2-1)* » (https://www.ouest-france.fr/sport/football/coupe-d-afrique-des-nations/can-un-mouvement-de-foule-a-yaounde-en-marge-de-cameroun-comores-aurait-fait-plusieurs-morts-b87d91dc-7d63-11ec-b03b-6adfce5755b3).

La défaite par forfait de l'équipe absente ou incomplète

Comme l'indique un journaliste, il y a *« des matches entre nations qui passionnent les foules jusqu'à l'excès »* (210). Un excès que l'on retrouve y compris au niveau local, entre deux villes voisines. Il peut alors revenir aux cours et tribunaux de désigner le vainqueur de la rencontre sportive, tout au moins si les instances régulatrices ont échoué à prendre une solution amiable (211).

Curieusement, les intellectuels ont l'habitude de regarder avec condescendance les matchs entre sportifs. Ils oublient alors que ceux-ci renferment des enjeux capitaux. Parmi ceux-ci l'on rappellera : la concorde entre nations ; la sécurité avant, pendant et après l'évènement ; la rentabilité financière ; les paris sportifs pris à proximité ou à distance (212).

3. – La défaite par forfait et la défaite par pénalité en football.

Le règlement de la Fédération Française de Football interdit de commencer ou de continuer un match s'il n'y a pas au moins huit joueurs par équipe (213).

---

210) Bénédicte MATHIEU, https://www.lemonde.fr/archives/article/2002/11/29/des-matches-entre-nations-qui-passionnent-les-foules-jusqu-a-l-exces_4244810_1819218.html.

211) *« Marseille veut faire annuler [...] la décision de la Ligue de Football Professionnel (LFP) d'accorder à Nice une victoire par forfait 3-0 lors du match de Ligue 1 abandonné dimanche [22 août 2021] »* (https://www.lavenir.net/sports/football/2021/08/23/marseille-veut-faire-annuler-la-decision-de-la-lfp-la-justice-francaise-ouvre-une-enquete-BH6KOFIMBBHHLDKQ2CLRGEG63I/).

212) Les paris peuvent désormais être pris à l'autre bout du monde ; Conf. Marie ANGLADE, Paris sportifs, *JS* 2018, n°189, p.47 ; Dossier : Études - Les bénéfices économiques et sociaux du sport – *JS* 2019, n°195, p.17.

213) Quand dire d'une équipe qu'elle est incomplète, et que l'on ne doit plus attendre ses joueurs supposés retardataires, et bientôt absentéistes ? La réponse est : un quart d'heure après le moment prévu pour le début de la rencontre. Dans les relations sociales, les partisans du retard croient

Cette restriction de nature quantitative se fonde-t-elle sur un souci d'égalité des armes entre les équipes adverses ? Ou bien l'explication de l'exigence numérale est-elle la crainte d'un spectacle ridicule pour le sérieux du sport concerné ? Selon toutes apparences, aucun argument ne fonde le nombre plafond et le nombre plancher des équipes (214).

Il n'empêche qu'une équipe en sous-nombre encourt une sanction ; elle perdra la rencontre sans le moindre jeu (sans avoir pu combattre). Le cas échéant, dit-on généralement, l'équipe aura été battue par forfait. Plus précisément, la sanction de la défaillance d'une telle équipe porte deux noms bien distincts pour le spécialiste. C'est le forfait (la déclaration de forfait) quand le match n'a pu débuter (215).

---

généralement judicieux de s'abriter derrière le quart d'heure lillois, marseillais, strasbourgeois, selon leur localité de vie.

214) C'est l'inventeur du jeu qui retient le nombre de participants qui lui paraît convenable. Il se laissera guider par l'aire de jeu dont il dispose et par le nombre de camarades susceptibles de bien vouloir venir jouer avec lui. Des variantes du sport se rencontrent par conséquent (rugby à 15, à 13, à 7) ; surtout si au lieu de jouer en extérieur, les pratiquants doivent s'enfermer dans un gymnase (5 joueurs pour le football en salle ou futsal).

215) En basketball (français), des règles similaires existent en l'article 9.4 du règlement. Par exemple, l'équipe déclarée forfait trois fois de suite au tout début du championnat est déclarée forfait général. Elle ne pourra donc plus jouer jusqu'à la fin du championnat. L'année suivante, elle ne pourra se réinscrire que dans la dernière des divisions de la compétition en cause (https://paris-idf.fff.fr/wp-content/uploads/sites/19/bsk-pdf-manager/2429236fc8e120e435e0241ee890ef44.pdf.). Le même forfait général est applicable en football. Sauf que si c'est une équipe Senior qui est sanctionnée, cela « *entraîne d'office le forfait général de toutes les équipes inférieures Senior du club* » sauf les « *équipes de jeunes* » (art. 130.1). C'est une sanction collective qui peut-être convaincrait de se présenter au lieu de l'épreuve si elle était bien connue de tous. Le juriste familier de l'individualisation de la peine s'étonnera logiquement de ces sanctions collectives.

En revanche, si la rencontre a dû être interrompue, l'équipe en question ayant perdu des joueurs au passage, elle sera alors dite battue par pénalité (216). Heureusement, aucune des deux sanctions ne s'applique lorsque l'absence des joueurs s'explique par un évènement de force majeure (217). Le cas échéant, le match est (logiquement) rejoué, ou plutôt reporté (218).

4. – L'ajournement généralisé des compétitions lors de la pandémie de Covid-19.

À l'époque de la Covid-19, de nombreuses rencontres avaient dû être reportées en considération du nombre excessif de joueurs testés positifs (c'est-à-dire potentiellement contagieux) et, donc à l'inverse,

---

216) Article 159 du règlement de la Fédération française de football. https://www.fff.fr/static/uploads/media/cms_pdf/0003/68/02c41188fd7c5699d65cee9bbefa9fd39c4ffe28.pdf.

217) La force majeure, au sens du juriste, sera difficilement satisfaite. Car, parmi les trois critères cumulatifs à remplir (imprévisibilité, extériorité, irrésistibilité), deux le seront difficilement. D'abord, il est raisonnablement prévisible que des joueurs ne soient pas tous disponibles pour un match. Aussi le règlement permet-il d'indiquer 11 joueurs de plus que les 11 qui seront initialement sur le terrain. Ensuite, la défaillance de l'équipe (absentéisme qu'elle souffre) n'est pas un élément qui lui soit extérieur ; c'est en effet l'un de ses propres joueurs qui constituera le problème.

218) « *La rencontre doit-elle être reportée ou le match perdu par forfait ? Évidemment la question divise et les options retenues diffèrent d'une discipline à l'autre* » (Charles DUDOGNON, Une saison à hauts risques (et peut-être sans fin ?), JS 2020, n°211, p.3). Un auteur avait déjà pu soutenir auparavant que l'on doit veiller à « *éviter de sanctionner des clubs par un forfait simple (match perdu et deux points en moins au classement) du fait de l'exercice du droit de grève dans une circonstance particulière* » (Jean-Marc FÉVRIER, Décisions de la ligue professionnelle : le droit de réforme par la fédération, JS 2017, n°175, p.36).

du nombre insuffisant de joueurs négatifs ou susceptibles de jouer (219).

La question s'est alors posée de savoir quel sort réserver à une équipe en sous-effectif. Retenir le forfait à l'encontre d'une telle équipe (de joueurs contaminés et contagieux) a pu sembler sévère ; car le destin cruel l'aura déjà frappée. De plus, une si implacable rigueur eut éloigné les protagonistes des valeurs cardinales du sport ; en particulier, le fair play de même que la victoire en combattant (sur le terrain).

Néanmoins, l'accumulation de reports risquait de congestionner le calendrier (futur) des compétitions. D'autant plus que nul ne pouvait assurer d'une date finale de la pandémie, et conséquemment du retour au *"monde d'avant"*. Finalement, les intéressés se seront résolus à s'appuyer sur une circulaire ministérielle heureusement édictée une vingtaine d'années auparavant (220).

219) « *Comme la plupart des secteurs d'activités, le secteur du sport - amateur et professionnel - est fortement impacté par la crise sanitaire liée à la pandémie de coronavirus. Inédite, cette crise a entraîné, en seulement quelques jours, du fait des mesures de confinement décidées par les autorités publiques, le report ou l'annulation d'un très grand nombre de manifestations et de compétitions sportives, nationales et internationales. Ainsi, le 24 mars, après moult hésitations, le Comité international olympique et le gouvernement japonais se sont finalement résolus à reporter en 2021 les Jeux olympiques d'été qui devaient normalement se dérouler à Tokyo du 24 juillet au 9 août prochains* » (Franck LAGARDE, Covid-19 et continuité des championnats professionnels, JS 2020, n°207, p.3).

220) Plus exactement, le ministère des Sports s'en remet à la sagesse des commissions compétentes des fédérations lesquelles appliqueront leurs règlements. Cf. Réponse du Ministère de la Jeunesse et des Sports, Question écrite n° 5156, Publication au JO : Assemblée nationale du 5 janvier 1998. On y lit que : « *le prononcé éventuel de forfait à l'encontre d'une équipe évoluant en championnat régional et les conséquences qui en découlent pour elle seront le plus souvent définies dans le règlement de la ligue régionale dont la mise en œuvre sera confiée à une commission*

La défaite par forfait de l'équipe absente ou incomplète

D'un autre côté, lors de L'EURO de football de 2020, les règles nouvelles imposées par la pandémie de Covid-19 allaient de la simple facilitation du remplacement du joueur infecté, au sévère forfait de son équipe pour insuffisance de membres opérationnels. Le score de la défaite était de 3-0 au détriment de l'équipe nationale victime de la défaillance de ses joueurs (221).

La facilitation des remplacements passait par la possibilité d'équipes pléthoriques (222).

5. – La recherche volontaire du forfait pour son équipe.

Paradoxalement, des joueurs pourraient volontairement rechercher le forfait de leur équipe. Car cette situation leur semblera moins humiliante qu'une défaite pure et simple, peut-être avec un "SCORE FLEUVE". Par exemple, en BOLIVIE, deux équipes de première division (WILSTERMANN et UNIVERSITARIO) ont dû jouer dans une configuration bien énigmatique (223).

---

chargée d'apprécier, au cas par cas, si l'équipe s'est trouvée ou non devant une force majeure l'empêchant de se rendre sur les lieux du match ».

221) https://www.europe1.fr/sport/euro-du-remplacement-dun-joueur-au-forfait-dune-equipe-le-protocole-covid-detaille-4050815.

222) « *C'est pour offrir plus de sécurité aux équipes participantes que l'UEFA a élargi les listes à 26 joueurs au lieu de 23 par nation. Toutefois, lors des rencontres, chaque pays ne pourra inscrire que 23 joueurs sur la feuille de match, soit les 11 titulaires et 12 remplaçants. Trois joueurs assisteront donc au match depuis les tribunes, un paramètre délicat à gérer pour les sélectionneurs* » (https://www.europe1.fr/sport/euro-du-remplacement-dun-joueur-au-forfait-dune-equipe-le-protocole-covid-detaille-4050815).

223) Pour l'équipe Universitario, les joueurs de l'équipe première étant en grève, ce sont finalement des joueurs de l'équipe seconde qui ont été alignés. Parmi eux, un garçon de 15 ans, le gardien de but. Or leurs qualités athlétiques et techniques étaient encore à trouver et à perfectionner.

À la mi-temps, le score était déjà de 7 à 0 en défaveur de l'équipe UNIVERSITARIO (224). Or à la reprise (après les 15 minutes de pause), cette équipe n'aura plus pu aligner que sept joueurs, parce que dans l'intervalle quatre d'entre eux étaient devenus indisponibles.

Puis, quelques minutes après, encore un autre joueur se sera blessé. De sorte que cette équipe ne comportait plus que 6 joueurs valides. L'arbitre aura par conséquent interrompu le match, et accordé la victoire (par pénalité) à WILSTERMANN (225). Manifestement, l'on se sera trouvé en présence de malades imaginaires.

6. – La défaite sur le terrain parfois préférée au forfait.

Dans la plupart des championnats, l'équipe battue sur le terrain gagne quand même un point. En revanche, une équipe battue par forfait ou par pénalité n'obtient rien du tout. Le type de défaite importe donc à l'équipe battue (226). Une illustration nous en est offerte par le championnat belge de rugby. Le match illustratif opposait

---

224) https://www.europe1.fr/sport/bolivie-menes-7-0-des-joueurs-se-blessent-pour-arreter-un-match-de-football-3638369.

225) Il est possible de contester une telle décision devant les instances compétentes du sport concerné. Des juges professionnels (de l'État) interviendront peut-être aussi. On rappellera que les fédérations sportives accomplissent chacune une mission d'intérêt général, par délégation. Leurs décisions disciplinaires ou autres sont dès lors attaquables (en cassation) devant le Conseil d'État.

226) Les amateurs (mêmes aux âges les plus tendres) se bagarrent pour l'emporter et par conséquent pour n'avoir pas gagné. Les professionnels sont attentifs au classement de leur équipe dans le championnat parce que l'année d'après, ils pourront continuer dans leur division, ou descendre en division inférieure, ou au contraire monter. En France (en Europe) les trois meilleures équipes de la division de référence participent à des compétitions internationales grassement rémunérées en publicité et en droit de retransmission télévisuelle. Du reste, aucun spectateur ne payera volontiers pour aller voir jouer deux équipes habituées des profondeurs du classement. Le spectacle n'en vaudra pas la peine.

l'équipe de SOIGNIES à celle de SCHAERBEEK (le ROYAL KITURO) qui jouait à domicile.

Or l'arbitre de la rencontre n'était pas venu ; il s'était imaginé un report ; ce qui rendait son déplacement sans objet. L'équipe hôte se devait alors de trouver un arbitre de rechange. N'y parvenant pas, et après plus d'une heure de démarches infructueuses, les visiteurs lassés d'attendre commencèrent à rentrer chez eux (à une soixantaine de kilomètres).

Puis un arbitre habilité fut trouvé. Les joueurs de SOIGNIES encore présents se dévouèrent pour affronter l'équipe de KITURO toujours au complet. Comme l'on pouvait aisément le prédire, celle-ci l'emporta ; avec le score incroyable de 356 points contre 3.

L'équipe de SOIGNIES y gagna néanmoins son obsessionnel point, dans la perspective du classement général du championnat (227). En l'espèce, les absentéistes n'avaient rien à se reprocher ; aussi aurait-il était injuste de leur faire la leçon. Dans le monde du travail, les salariés absentéistes se retrouvent également parfois dans une situation aussi excusable.

---

227) https://www.lefigaro.fr/le-scan-sport/buzz/2015/02/10/27002-20150210ARTFIG00193-un-match-de-rugby-se-termine-sur-le-score-de-356-3.php.

L'OBSTACLE MATÉRIEL À LA CIRCULATION VERS LE LIEU DE TRAVAIL

Clotaire MOULOUNGUI
Maître de conférences hors classe à l'ULCO (académie de Lille)
Ancien Chef du Département Gestion des Entreprises et des Administrations
Responsable de la licence professionnelle Métiers de la Gestion et du Social

Résumé : Malgré sa détermination à se rendre au travail, une personne pourrait ne pas y arriver parce qu'elle en serait empêchée par divers obstacles. Ceux-ci peuvent résulter de forces de la nature (amplifiées par le dérèglement climatique) ; provenir de défaillances techniques ; ou bien découler d'agissements d'individus isolés ou coalisés. Bien entendu, les personnes décédées à cause de l'évènement dramatique ne seront plus jamais retardataires ou absentéistes.

Mots clefs : Absentéisme ; catastrophe naturelle ; mouvement social ; perturbation des transports en commun.

Abstract: Despite their determination to get to work, a person may not be able to do so because they are prevented from doing so by various obstacles. These may result from forces of nature (amplified by climate change); from technical failures; or from the actions of individuals, either alone or in concert. Of course, those who died as a result of the tragic event will never again be late or absent.

Keywords: Absenteeism; natural disaster; social movement; disruption of public transport.

1. – L'absentéisme imputable aux forces de la nature.

Malgré sa détermination à se rendre au travail, une personne pourrait ne pas y arriver parce qu'elle en serait empêchée par divers obstacles. Ceux-ci peuvent résulter de forces de la nature (amplifiées par le dérèglement climatique) ; provenir de défaillances techniques ; ou bien découler d'agissements d'individus isolés ou coalisés.

Pour illustrer les catastrophes naturelles, de la sorte susceptibles de causer retards ou absentéismes, songeons à la ville de New York. Effectivement, toutes ses lignes de métro auront été rendues impraticables (au tout début de septembre 2021) par des inondations provoquées par la tempête Ida. Bien entendu, les 44 personnes alors décédées (par noyade) ne seront plus jamais retardataires ou absentéistes ; elles ne se rendront pourtant plus à leur lieu de travail, malgré l'espérance de leurs employeurs.

En France, l'on peut citer la tempête Alex, laquelle aura ravagé l'arrière-pays niçois, le 30 septembre 2020 (228). Pendant des semaines, les employeurs de ces sinistrés ont dû vainement les attendre à Nice, Grasse, Cannes, et autres villes de la Côte d'Azur. Peut-être ont-ils alors envoyés des lettres de licenciement pour abandon de poste. Or, pour les rescapés, les contrats de travail concernés étaient été suspendus (229). En vérité, l'indispensable

---

228) En particulier les vallées de la Vésubie, de la Tinée et de la Roya. Outre la dizaine de morts alors déplorés, il y aura eu la destruction de maisons d'habitation, de bâtiments administratifs, des routes et ponts ; ainsi que d'autres infrastructures de communication, d'énergie, d'eau et d'assainissement.

229) Deux questions viennent alors à l'esprit. D'une part, comment l'employeur pouvait-il savoir que son salarié était l'un des sinistrés ? D'autre part, pendant combien de temps attendre le retour du salarié empêché ? Cela étant : « *La survenance d'intempéries au cours de l'exécution du préavis ne saurait avoir pour effet de retarder la date d'expiration de celui-ci (Soc. 21 nov. 1973, Cah. prud'h. 1974. 81)* » (Gérard VACHET, Contrat de travail

lettre recommandée avec avis de réception pour annoncer le licenciement, n'aurait pu être distribuée, du fait de la disparition des moyens de communication entre la côte et les montagnes concernées des Alpes Maritimes.

En tout état de cause, il est de tout temps attendu des autorités publiques qu'elles empêchent ou réduisent les difficultés de circulation (230).

2. – L'invocation en cascade ou par ricochet de la force majeure du salarié par l'employeur.

Tout cocontractant (salarié ou non) qui aura manqué à ses obligations professionnelles à cause d'une catastrophe naturelle peut certainement espérer, grâce à l'invocation de la force majeure, ne pas avoir à répondre aux conséquences de l'inexécution du contrat. La condition d'extériorité de ce motif d'exonération qu'est la force majeure serait manifestement remplie.

Car nul individu ne commande à la nature, laquelle intervient au hasard, comme un coup du sort. De plus, non seulement l'évènement désastreux pouvait difficilement être prévus, il était

---

à durée indéterminée : préavis de rupture et indemnité de licenciement, *Répertoire de droit du travail*, octobre 2020).

230) « *Après l'épisode neigeux de décembre dernier qui a perturbé, voire immobilisé, les transports aériens, le gouvernement a décidé de prendre des mesures destinées à anticiper les actions en cas d'intempéries et améliorer l'organisation générale du transport aérien. Parmi les mesures retenues, l'augmentation de la capacité de stockage des produits dégivrants, le déneigement des axes routiers reliant les grandes villes à leurs aéroports... D'autres mesures annoncées seront mises en place à plus longue échéance. S'agissant des passagers, le gouvernement a annoncé des mesures destinées à améliorer l'information et leur prise en charge. À cet effet, un médiateur sera systématiquement mis en place pour régler les conflits opposant les voyageurs aux compagnies aériennes. [www.gouvernement.fr]* » (S.Z.-D., Intempéries : Les mesures pour améliorer les transports aériens, Juris tourisme 2011, n°128, p.9).

impossible d'y résister et d'y échapper. Les deux autres conditions de la force majeure seraient ainsi donc également remplies : imprévisibilité et irrésistibilité. Un devoir d'humanité interdit ainsi d'en rajouter au malheur d'autrui.

Cependant, l'employeur manquera alors à ses propres obligations envers des cocontractants ou envers l'Administration. Ne devrait-on pas lui permettre d'invoquer le cas de force majeure par ricochet ? Car rien ne justifierait qu'il supporte en définitive le malheur de son débiteur, mais que lui ne soit pas fondé à s'y abriter dans sa relations avec ses créanciers.

3. – L'indifférence des difficultés de transport invoquées par le collégien absentéiste.

Le Conseil d'État s'est montré peu compréhensif à l'égard du collégien absentéiste du fait de difficultés de transport. Certes, il comptait une centaine d'absences. En l'espèce, le recteur de l'académie de Nancy-Metz (27 juin 1994) avait confirmé l'exclusion scolaire décidée par le conseil de discipline du collège des Trois Frontières (Longlaville, 19 mai 1994).

Or, a constaté le tribunal administratif de Nancy, *« si certaines absences ont été justifiées par des certificats médicaux réguliers, un grand nombre d'entre elles ont été motivées par des raisons de convenance personnelle de Mme Z..., en raison notamment de ses difficultés à assurer le transport de son fils entre son domicile et le collège »* (231). Sans doute des bien-pensants se sont-ils étranglés devant cette sévérité contre une miséreuse incapable d'affréter un véhicule pour déposer sa progéniture à l'école.

Il n'empêche que (en appel ou en cassation) les conseillers d'État ont jugé que *« ces divers motifs non médicaux ne sont pas de nature à justifier l'absentéisme persistant de l'élève ; qu'ainsi, le conseil de*

---

231) CONSEIL D'ÉTAT, 28 octobre 1996, N° 170560, recteur de l'académie de Nancy-.

discipline du collège et le recteur de l'académie de Nancy-Metz ont pu légalement sanctionner cette méconnaissance de l'obligation d'assiduité scolaire par une exclusion définitive de l'établissement ».

4. – L'appréciation variable des absences dues à la panne de voiture ou de réveil.

La juridiction judiciaire n'admet pas forcément comme excuse d'une absence au travail le fait d'avoir subi une panne de véhicule (et moins encore de réveil). Surtout lorsque sa réalité est douteuse. Ainsi, la cour d'appel de Besançon aura pu jugé que : *« concernant la panne de voiture alléguée pour l'absence du 10 novembre 2004, Melle Véronique L. ne fait que produire une facture d'un montant de 24,09 euros en date du 13 novembre 2004 correspondant à l'achat de deux filtres et d'un bidon d'huile, ce qui est insuffisant pour justifier d'une panne rendant impossible un déplacement même tardif à la Clinique »* (232).

La question qui surgit aussitôt à l'esprit est celle de savoir ce qui aurait été décidé si la panne était incontestable. En tous cas disent des auteurs, *« [...] le seul fait pour un salarié de reprendre le travail avec un jour de retard, à l'issue de ses congés payés, ne constitue ni une faute grave ni une cause réelle et sérieuse de licenciement, dès lors que le salarié avait averti l'employeur de son retard qui était dû à une panne de voiture »* (233).

L'Administration du chômage peut cependant se montrer intraitable, par exemple du *« fait de ne pas (pouvoir) se présenter ou d'arriver en retard à la convocation a déclenché des radiations quasi systématiques. C'est ainsi qu'un demandeur d'emploi répondant*

---

232) COUR D'APPEL Besançon CH. SOCIALE 13 février 2007 N° 06/00048.

233) Alain CHIREZ et Jacques LABIGNETTE, La place du doute dans le contentieux de la relation de travail, *Droit social* 1997. 669. Les auteurs se réfèrent à un arrêt : CASS. SOC., 22 novembre 1995.

avec quinze minutes de retard à une convocation à un entretien avec son conseiller Pôle Emploi, parce qu'il a eu une panne » (234).

5. – L'indifférence des difficultés classiques des transports en commun.

Invoquer les troubles sociaux et les grèves qui immobilisent les transports en commun est plutôt facile à prouver. Mais l'excuse ne semble par recevable en l'absence d'évènement exceptionnel. Par exemple, la Société Immobilière de Banville a licencié dame LAROYE, dactylographe facturière, *« pour retards quotidiens »*.

Dans un premier temps, les juges du fond lui avaient octroyé une indemnité de préavis ; au motif que ses fautes n'avaient pas un caractère de gravité suffisant, qui en feraient perdre le bénéfice. Plus précisément, indique le jugement, ses retards découlaient *« de l'insuffisance des moyens de transports en commun dans la banlieue de Paris et des difficultés de la circulation routière qui imposent très souvent des durées de trajet excessives et inattendues »*.

Mais, ce jugement du conseil de prud'hommes de la Seine (Paris, 3 janvier 1966) a était annulé par la Cour de cassation (13 mars 1967). La raison est les juges du fond ne pouvaient retenir *« comme excuse valable pour des retards quotidiens des difficultés de circulation sans caractère imprévisible »* (235).

---

234) Émilie VIDECOQ, Le chômeur en rupture de protections : des voies et moyens d'activer les droits des privés d'emploi, *RDSS* 2014. 650.

235) CASS. SOC., 13 mars 1967, N 239. La Cour a par ailleurs été sensible au fait la salariée « *se refusait systématiquement à respecter les horaires fixés par le règlement intérieur de l'entreprise, malgré deux mises en demeure d'avoir à s'y conformer, ce qui constituaient des actes d'insubordination ayant un caractère de gravité suffisant pour justifier son renvoi immédiat sans préavis* ».

L'INUTILITÉ PRATIQUE DU PRÉAVIS DE GRÈVE POUR L'EMPLOYEUR

Clotaire MOULOUNGUI
Maître de conférences hors classe à l'ULCO (académie de Lille)
Ancien Chef du Département Gestion des Entreprises et des Administrations
Responsable de la licence professionnelle Métiers de la Gestion et du Social

Résumé : Du moment qu'un ou plusieurs membres d'une équipe de travail sont absents, l'activité envisagée peine à se réaliser normalement. Des ajustements s'imposeront dès lors à propos des tâches à (quand même) réaliser et sur l'ordre de leur exécution. Dans ces conditions, l'employeur bouleversera probablement le planning déjà communiqué au personnel depuis des semaines. L'employeur aura été informé tant de la période de grève que de l'identité des participants, sans avoir pour autant le droit d'en tirer profit. Il n'empêche que la collectivité publique doit pouvoir trouver des moyens techniques de remplacement en vue du maintien de la sécurité des usagers et, accessoirement, de leur tranquillité d'esprit. Le cas échéant, les agents sans droit de grève se substitueront aux grévistes.

Mots clefs : Grève ; continuité du service public ; préavis de grève ; adaptation des emplois du temps ; contraintes juridiques de l'employeur.

Summary: As soon as one or more members of a work team are absent, the planned activity is difficult to carry out normally. Adjustments will then be necessary regarding the tasks to be (still) performed and the order in which they are to be performed. Under these conditions, the employer will likely disrupt the schedule already communicated to staff weeks ago. The employer will have been informed both of the strike period and the identity of the participants, without having the right to profit from it.

Nevertheless, the public authority must be able to find technical replacement means to maintain the safety of users and, incidentally, their peace of mind. If necessary, employees without the right to strike will replace the strikers.

Keywords: Strike; continuity of public service; strike notice; adaptation of schedules; legal constraints on the employer.

1. – L'inutilisation du contenu du préavis de grève pour l'ajustement des équipes.

Du moment qu'un ou plusieurs membres d'une équipe de travail sont absents, l'activité envisagée peine à se réaliser normalement. Des ajustements s'imposeront dès lors à propos des tâches à (quand même) réaliser et sur l'ordre de leur exécution. Dans ces conditions, l'employeur bouleversera probablement le planning déjà communiqué au personnel depuis des semaines.

Toutefois, ses travailleurs n'accepteront pas toujours docilement de pareilles modifications unilatérales (236). Ainsi, à défaut d'arrangement amiable, sans doute une juridiction sera-t-elle appelée à se prononcer pour les départager. Le point principal du litige sera parfois l'exploitation déloyale du préavis de grève, en vue de la briser (237).

---

236) On peut à cet égard songer aux « *personnels soignants, qui aspirent, pour nombre d'entre eux, à un meilleur équilibre entre vie professionnelle et vie privée, tout en s'inquiétant des risques susceptibles de résulter d'horaires de travail incontrôlés sur leur santé et sur la qualité du service rendu aux usagers* » (Florian ROUSSEL, L'obligation de décompte du temps de travail des praticiens hospitaliers, RDSS 2022. 910).

237) Hugo BARBIER, Le devoir de bonne foi du contractant peut-il infléchir ses droits fondamentaux ? *RTD civ.* 2022. 604.

L'inutilité pratique du préavis de grève pour l'employeur

C'est vrai que l'employeur aura été informé tant de la période de grève que de l'identité des participants (238). Il ne doit pas en tirer profit. Il n'empêche que la collectivité publique doit pouvoir trouver des moyens techniques de remplacement en vue du maintien de la sécurité des usagers et, accessoirement, de leur tranquillité d'esprit. Le cas échéant, les agents sans droit de grève se substitueront aux grévistes.

Même des personnels d'appoint pourront être recrutés. Par ailleurs, relativement au transport des personnes, il sera envisageable de remplacer des trains (bloqués) par des bus, voire d'affréter des avions (239).

2. – Les buts assignés au préavis de grève dans le service public.

C'est dans l'année 1963 que l'obligation du préavis de grève a été instituée dans le service public. Le juge administratif en aura tenu compte pour annuler le blâme infligé à des agents publics en 1960, et par eux contesté durant des années (avec épilogue 7 ans plus tard).

En l'espèce, le Conseil d'État a proclamé que : « *le simple exercice, par les intéressés, du droit de grève pour la défense de leurs intérêts professionnels, n'était pas de nature à justifier légalement l'application d'une sanction disciplinaire ; qu'aucune disposition législative ou réglementaire ne subordonnait à l'époque, l'usage du*

238) Les deux ordres de juridictions ne condamnent pas ce '*'flicage"* rendu indispensable par le contrôle du service fait et du droit à rémunération correspondant. Sinon, il serait impossible de procéder à des retenues sur salaire contre les grévistes.

239) Philippe TERNEYRE, Grève dans les services publics, *Répertoire de droit du travail*, janvier 2016, n° 155 ; Jacky CHORIN, La grève dans les services publics, *Droit social* 2003. 567 ; Jacques FIALAIRE, Le droit de la fonction publique sous l'état d'urgence sanitaire : entre autonomie et « *travaillisation* », *AJFP* 2021. 311.

droit de grève à un préavis donné au Président de la Chambre de métiers » (240).

L'objectif du législateur était que les chefs de services ne fussent plus jamais déconcertés par des mouvements impromptus de revendication de leurs agents. Mieux, les usagers pouvaient dès lors être prévenus et préservés des inconvénients des grèves intempestives. De plus, le préavis de grève semble pouvoir faciliter les solutions de rechange. Le législateur espère un arrangement amiable dans ce temps qui précède la concrétisation de l'arrêt de travail (241).

Certes, le laps de temps en question est plutôt bref. Aussi les revendications, trop souvent démesurées des syndicats, risqueront à peine d'être comprises et satisfaites. En gros, l'on devrait ainsi chercher à surmonter l'absentéisme qu'implique toute grève afin de n'en éprouver que peu les tracas inhérents. Mais alors, la grève apparaîtrait comme vidée de son effectivité ; en violation de la volonté du pouvoir constituant de 1946 puis de 1958.

En tous cas, avant ces dates, des serviteurs éminents de l'État ont songé à prévoir le sacrifice de cette liberté publique au profit de l'intérêt général. Selon un commissaire du gouvernement : « *avant les droits des individus, avant les intérêts des syndicats professionnels ou des sociétés commerciales, il y a les droits de la collectivité, l'intérêt général de la nation française, le droit pour un pays de ne pas laisser porter atteinte à ses forces et de faire, pour cela, usage de toutes les armes que lui fournissent les lois* » (242).

---

240) CONSEIL D'ÉTAT, 20 janvier 1967, n° 66321 et 66322.

241) Elsa PESKINE et Cyril WOLMARK, Droit du travail 2024, HyperCours, Dalloz, 2023, n° 905 : Dans le service public, « *le préavis a pour finalité de permettre aux parties de négocier pour éviter le déclenchement de la grève. Les parties sont d'ailleurs tenues de négocier* ».

242) HELBRONNER, concl. sur CE 18 juillet 1913 Syndicat national des chemins de fer de France et des colonies, S. 1914.3.1.

3. – La jurisprudence hostile aux réadaptations des plannings à l'aide du préavis reçu.

La cour d'appel de Paris (15 décembre 2015) et la Cour de cassation ensuite (12 octobre 2017) ont interdit à Air France de réadapter ses plannings en fonction des personnels tenus de se signaler comme grévistes. Effectivement, *« en l'absence de service minimum imposé, [l'employeur n'est point autorisé] à utiliser les informations issues des déclarations individuelles des salariés afin de recomposer les équipages et réaménager le trafic avant le début du mouvement »* (243).

La question venant aussitôt à l'esprit est de savoir pourquoi donc les salariés doivent donner ce préavis (manifestement) sans intérêt pour son destinataire. La réponse figure notamment dans le Code des transports. On y lit par exemple que : « *en cas de perturbation du trafic aérien liée à une grève dans une entreprise ou un établissement chargé d'une activité de transport aérien de passagers, tout passager a le droit de disposer d'une information gratuite, précise et fiable sur l'activité assurée, cette information devant être délivrée aux passagers par l'entreprise de transport aérien au plus tard vingt-quatre heures avant le début de la perturbation* » (244).

Ainsi, il s'agit seulement de pouvoir éviter aux passagers un déplacement inutile vers l'aéroport. Ce qui leur évitera par ailleurs d'y constituer des foyers de réactions violentes ou éplorées. Autant de situations dues, soit à l'agacement, soit à la tristesse, de ne pouvoir prendre l'avion espéré.

---

243) Cass. Soc., 12 octobre 2017, n° de pourvoi 16-12550 (rejet du pouvoir d'Air France contre Paris, 15 décembre 2015). Certes, dit Lucien Flament, Pilotes : quand la grève est annulée les « *grévistes* » ont la priorité pour décoller, *Cah. soc.* févr. 2015, n° 115k0, p. 100.

244) Code des transports, art. L1114-7.

4. – Les inconvénients du rejet de la réadaptation des équipages pourtant possible grâce au préavis.

Refuser à Air France (ou à un autre service public) la possibilité de tirer profit des informations obtenues grâce au préavis de grève, c'est lui imposer de subir passivement divers désagréments (245). D'ailleurs ses clients en souffrent aussi (246).

S'agissant notamment des passagers en transit, ils courent le risque de demeurer longtemps dans des aéroports. Or ces sites manquent souvent d'infrastructures hôtelières susceptibles d'accueillir correctement (sécurité et hygiène) un afflux de population. En plus, la concentration d'un nombre considérable de personnes énervées (les) expose à l'effet de foule ; c'est-à-dire à des atteintes probables à l'ordre public.

Du reste, quand les halls d'un aéroport sont bondés, ses gestionnaires allègent logiquement les mesures de contrôles, voire les abandonnent, jusqu'à nouvel ordre. Ce qui peut commettre sécurité et sûreté. Pourtant, ni la cour d'appel de Paris (15 décembre 2015), ni la Cour de cassation (12 octobre 2017), n'auront été sensibles à ces arguments de la Compagnie Air France (247). Certes, la gêne d'une liberté par une autre liberté ne saurait être disproportionnée.

---

245) Ces désagréments sont : un dommage à son activité économique ; l'impossibilité d'éviter les bousculades et les cris inhérents à des réclamations nombreuses et simultanées de clients énervés devant un guichet ; l'atteinte à l'attractivité de la compagnie ; la nécessité ensuite de solliciter des subventions étatiques.

246) Effectivement, apparaitront comme étant sacrifiés : la continuité du service rendu aux usagers ; le respect de leurs droits ; la protection due aux consommateurs.

247) Soc. 12 octobre 2017, n° de pourvoi 16-12550, Publié au bulletin, (rejet du pouvoir d'Air France contre Paris, 15 décembre 2015).

5. – La protection juridique de la valse-hésitation des grévistes.

Les managers des compagnies de transport, confrontés à la grève, se désolent tant de la législation que de la jurisprudence correspondante. Car, ils subissent la valse-hésitation des salariés ; ces derniers voulant à la fois être présents et être grévistes potentiels. Si de tels hésitants se décident finalement à demeurer au travail, il faudra alors redéployer tout le monde.

Oui, il conviendra de modifier l'organisation (de crise) déjà décidée dans la perspective de la grève. Ce droit (de tergiversation) leur est reconnu par le Code des transports (248). Celui-ci se préoccupe des *« salariés dont l'absence est de nature à affecter directement la réalisation des vols »*. Ils doivent en informer le chef d'entreprise ou son représentant au moins quarante-heures avant de participer à la grève.

On pourrait penser que l'employeur bénéficier de cette sorte d'un délai suffisant pour se retourner. Sauf que le salarié dispose encore de la moitié de ce temps pour se désister, et figurer en définitive parmi ceux qui auront choisi de continuer le travail. L'employeur commettrait une faute civile en ne confiant pas de tâche au repenti de la grève. Plus généralement, tout gréviste a le droit d'abandonner la grève déjà commencée, en le signalant à l'employeur. Toutefois, sa reprise ne prendra effet que vingt quatre heures après ce désistement volontaire (249).

Inutile pour le salarié d'indiquer sa disponibilité quand la grève a avorté ; ou si elle est désormais terminée. La raison est que l'employeur n'a pas besoin d'une information extérieure d'une

248) Article L1114-3.

249) Ce désistement volontaire du salarié ne purge pas du tout la retenue sur salaire pour la période sans travail. Du coup, l'abandon forcé de son projet de grève, dans le cadre de la réquisition, se révèle plus intéressant. Il est en effet rémunéré à proportion de l'activité professionnelle déployée malgré sa qualité de gréviste.

réalité que lui révèle la simple observation des faits au sein de son entreprise.

6. – La considération du préavis malgré l'impression d'avortement de la grève.

L'employeur doit-il revenir à ses plannings classiques (hors grève) s'il n'y a finalement pas de grévistes (durant) un certain temps ? Ou bien doit-il attendre la fin de la période indiquée dans le préavis de grève que lui aura donné l'un au moins des syndicats représentatifs ?

Par exemple, dans une AFFAIRE AIR FRANCE, l'employeur n'avait pas dénombré de grévistes le premier jour prévu pour la grève, ni le deuxième, ni le troisième. La réponse de la Cour de cassation (11 février 2015) est que : *« c'est à bon droit que la cour d'appel [d'Aix-en-Provence, 22 janvier 2013] a décidé [...] que l'employeur ne pouvait, dans la période ainsi définie, déduire de l'absence de salarié gréviste au cours des trois premiers jours de la période visée par le préavis que celui-ci était devenu sans effet »*.

A croire cet arrêt, le service public concerné devait s'obliger à faire comme si la grève projetée se déroulait bel et bien (250). Certes, l'interruption collective de travail n'est qualifiable de grève que si deux conditions sont remplies : d'une part, un préavis donné par un syndicat représentatif (251) ; d'autre part, la mention dans ce

---

250) CASS. SOC., 11 février 2015, pourvoi n° 13-14.607, syndicat CGT de la Régie des transports de Marseille, Bulletin 2015, V, n° 25.

251) « *Quid, [...], d'un préavis déposé par des personnels non syndiqués parce qu'il n'existe aucun syndicat représentatif dans le service concerné ? Différent des grèves illicites "sauvages" et "surprises" déclenchées par la « base » dans des services publics où sont présents des syndicats représentatifs, ce cas de figure doit, au moins en théorie, être envisagé et recevoir, malgré la lettre de la loi, une réponse favorable à la reconnaissance de la licéité d'une telle grève. Toute autre solution conduirait en effet à nier purement et simplement le droit de grève aux*

préavis des bornes temporelles de la grève (jour et heure de début, puis de fin). Néanmoins, précise le même arrêt, *« les salariés qui sont seuls titulaires du droit de grève ne sont pas tenus de cesser le travail pendant toute la durée indiquée par le préavis [donné par leurs syndicats] »*. L'employeur est donc laissé dans l'expectative...

---

personnels de ces services » (Philippe TERNEYRE, Grève dans les services publics, Répertoire de droit du travail, 2017, n° 166).

LA SUSPENSION DE L'AGENT PUBLIC AUTEUR PROBABLE D'UNE FAUTE

Clotaire Mouloungui
Maître de conférences hors classe à l'ULCO (académie de Lille)
Ancien Chef du Département Gestion des Entreprises et des Administrations
Responsable de la licence professionnelle Métiers de la Gestion et du Social

Résumé : Les bavures policières prétendues sont l'occasion principale d'invocation des termes ''administrativistes" *''suspendre"* et *''suspension"*, ainsi que leurs dérivés. L'hypothèse de départ est celle d'un citoyen (un administré) se plaignant d'un agent de police, lequel aura fait montre de brutalité, et aura donc pratiqué des *''violences policières"* sur lui. Alors, cette victime putative exigera des sanctions contre le fonctionnaire en question, de préférence sa révocation. Mais le ministre concerné (le ministre de l'intérieur) répondra presque toujours qu'il doit attendre les conclusions de l'enquête administrative (de l'IGPN) et éventuellement les conclusions de l'enquête pénale (d'ailleurs souvent longues à venir). Par esprit de compromis, notre victime réclamera alors que le fonctionnaire soit au moins suspendu ; sans réaliser alors faire un cadeau au fonctionnaire blâmable.

Mots clefs : Agent public ; fonctionnaire ; faute probable ; poursuites disciplinaires ; poursuites pénales ; suspension ; maintien de salaire.

Summary: Alleged police blunders are the primary occasion for invoking the "administrativist" terms, "suspend," and "suspension," as well as their derivatives. The initial hypothesis is that of a citizen (a citizen) complaining about a police officer who has displayed brutality, and thus has committed "police violence" against him. This putative victim will then demand sanctions against the official in question, preferably his dismissal. But the relevant minister (the

Minister of the Interior) will almost always respond that he must await the conclusions of the administrative investigation (by the IGPN) and possibly the conclusions of the criminal investigation (which often take a long time to come). In a spirit of compromise, our victim will then demand that the official be at least suspended; without realizing that he is giving a gift to the offending official.

Keywords: Public official; civil servant; probable misconduct; disciplinary proceedings; criminal proceedings; suspension; salary retention.

1. – La demande de suspension à l'encontre de policiers.

Les bavures policières prétendues sont l'occasion principale d'invocation des termes ''administrativistes'' ''*suspendre*'' et ''*suspension*'', ainsi que leurs dérivés. L'hypothèse de départ est celle d'un citoyen (un administré) se plaignant d'un agent de police, lequel aura fait montre de brutalité, et aura donc pratiqué des *''violences policières''* sur lui. Alors, cette victime putative exigera des sanctions contre le fonctionnaire en question, de préférence sa révocation (252).

Mais le ministre concerné (le ministre de l'intérieur) répondra presque toujours qu'il doit attendre les conclusions de l'enquête administrative (de l'IGPN) et éventuellement les conclusions de l'enquête pénale (d'ailleurs souvent longues à venir). Par esprit de compromis, notre victime réclamera alors que le fonctionnaire soit au moins suspendu.

---

252) Si des témoignages à décharge seront toujours recevable en faveur du fonctionnaire, en revanche c'est lui-même qui intentera l'action visant à l'innocenter. Cf. Didier JEAN-PIERRE, Un tiers peut-il demander l'annulation d'une sanction disciplinaire infligée à un fonctionnaire ?, *La Semaine Juridique Administrations et Collectivités territoriales* n° 38, 18 Septembre 2006, 1212.

C'est vrai que la loi du 13 juillet 1983 énonce : « *En cas de faute grave commise par un fonctionnaire, qu'il s'agisse d'un manquement à ses obligations professionnelles ou d'une infraction de droit commun, l'auteur de cette faute peut être suspendu par l'autorité ayant pouvoir disciplinaire qui saisit, sans délai, le conseil de discipline* » (253). La suspension est ainsi susceptible de frapper tout fonctionnaire au sens large.

2. – Le droit à sa rémunération malgré la suspension.

Le ministre devrait apparemment donner satisfaction au demandeur, sans pouvoir continuer de se retrancher derrière l'attente des enquêtes (254). Mais en général, le ministre refuse de se départir d'un collaborateur à qui est reproché une infraction incertaine (255).

Une telle position a naturellement le don d'exaspérer la victime et ses soutiens médiatiques ou médiatisés. À la vérité, tous devraient se

---

253) Article 30 de la loi de 1983. Eric KOLBERT, La suspension d'un fonctionnaire sur le seul fondement d'une interpellation par la police est illégale, *AJFP* 2004. 156 ; Rémy FONTIER, La mesure de suspension d'un fonctionnaire doit reposer sur une présomption de faute sérieuse, *AJFP* 2002. 42.

254) Cela étant : « *La sanction disciplinaire n'est pas un des éléments de la réparation du dommage subi par la victime ; elle est un outil dont dispose l'administration dans sa gestion du fonctionnement du service et de son personnel* » (Jean-Philippe THIELLAY, Victime de la faute du fonctionnaire : pas de préjudice indemnisable pour insuffisance de la sanction disciplinaire, AJDA 2010. 1945).

255) Antony TAILLEFAIT, Personnel des collectivités territoriales : agents non titulaires de droit public, Encyclopédie des collectivités locale, Novembre 2013, n° 247. Selon cet auteur, malgré le silence des textes, les agents non titulaires relèvent du régime de la suspension prévu pour les fonctionnaires à l'article 30 du titre I du statut général de la fonction publique. La raison est que la possibilité de suspendre un agent est un principe général du droit administratif dégagé par la jurisprudence Reinhart (CE 26 juin 1959, Lebon 397).

féliciter du refus du ministre. Car la conséquence de la suspension serait d'interdire au fonctionnaire d'aller au travail, mais de lui permettre parallèlement de continuer de percevoir son traitement mensuel (256).

En effet dit la loi : « *Le fonctionnaire suspendu conserve son traitement, l'indemnité de résidence, le supplément familial de traitement et les prestations familiales obligatoires. Sa situation doit être définitivement réglée dans le délai de quatre mois. Si, à l'expiration de ce délai, aucune décision n'a été prise par l'autorité ayant pouvoir disciplinaire, l'intéressé, sauf s'il fait l'objet de poursuites pénales, est rétabli dans ses fonctions* » (257).

3. – L'inutilité de la motivation d'une mesure de suspension.

L'adversaire du fonctionnaire n'a logiquement aucun intérêt à exiger la suspension de celui-ci. Car ce serait lui donner la possibilité de bénéficier de congés payés susceptibles de durer quatre mois. À l'inverse, l'on pourrait se figurer que le fonctionnaire se réjouira de sa suspension. Curieusement, certains d'entre eux mettent en branle toutes les procédures possibles afin de pouvoir continuer d'aller travailler (et donc mériter leur salaire).

Où l'on voit que l'agent public n'est pas forcément un paresseux profiteur. Mais selon le Conseil d'État, la décision de suspension, « *qui a un caractère conservatoire et ne constitue pas une sanction disciplinaire, n'est pas au nombre de celles qui doivent être motivées* » (258).

---

256) Aurélie AVELINE, La position statutaire de l'agent public objet d'une enquête pénale, *AJCT* 2022. 490.

257) Article 30 de la loi du 11 janvier 1984 portant dispositions statutaires relatives à la fonction publique de l'État.

258) CONSEIL D'ÉTAT, 15 décembre 2000, M. X et Syndicat des professeurs hospitalo-universitaires c. CHU de Lille, n° 194807 200887 202841, Publié au recueil Lebon. La motivation de toute mesure administrative

Ainsi donc, l'agent public se verra parfois appliqué une décision non motivée et contre laquelle il n'aura nullement pu présenter d'observations. Néanmoins, l'on ne patauge pas alors dans l'arbitraire (259).

4. – La contestation de la suspension malgré le maintien du traitement.

Pour son prononcé de la suspension, l'autorité hiérarchique compétente se fondera sur quelques éléments de fait. Par exemple, s'agissant d'une professeure des universités suspendue le 7 juin 2018, les informations portées à la connaissance du président de l'université étaient *« suffisamment graves et vraisemblables pour justifier l'éloignement de l'intéressée à titre conservatoire, compte tenu notamment de leur retentissement au sein de l'établissement »* (260).

On pourrait encore s'étonner de l'acharnement de cette enseignante à pouvoir continuer d'aller travailler. Surtout que la loi prévoit ceci : *« Le ministre chargé de l'enseignement supérieur peut prononcer la suspension d'un membre du personnel de l'enseignement supérieur pour un temps qui n'excède pas un an, sans privation de traitement »* (261).

---

défavorable est prévue par (l'alinéa 1er de l'article 1er de) la loi du 11 juillet 1979.

259) CONSEIL D'ÉTAT, 09 décembre 2005, n° 281085, directeur de La Poste du Loiret, AJDA 2006 p.451 : « *la contestation de la décision prononçant, à titre conservatoire, en cas de faute grave, la suspension d'un agent dans l'attente qu'il soit statué disciplinairement ou pénalement sur sa situation, ainsi que de celle refusant de mettre fin à une telle mesure de suspension, est au nombre des litiges concernant la discipline au sens de ces dispositions, alors même que cette mesure de suspension ne présente pas, par elle-même, le caractère d'une sanction disciplinaire* ».

260) CONSEIL D'ÉTAT, 5 février 2020, n° 422922, Mme la docteure X c/ CHU Bordeaux.

261) Code de l'éducation, art. L951-4.

La rémunération sans travail en contrepartie est loin de représenter le Graal des agents publics.

5. – L'intérêt des suspensions malgré le sous-effectif du service.

Sachant que la suspension d'un fonctionnaire aboutit en définitive à une réduction de personnel, l'on peut hésiter à comprendre pourquoi l'autorité adopterait une pareille mesure. L'homme de la rue répondrait que *« c'est pour faire retomber la pression, calmer les esprits, voire noyer le poisson »*. Le Conseil d'État en donne une explication généralisable (du monde universitaire à toutes les trois fonctions publiques).

À savoir que : *« la suspension d'un professeur des universités [...] est une mesure à caractère conservatoire, prise dans le souci de préserver l'intérêt du service public universitaire. Elle peut être prononcée lorsque les faits imputés à l'intéressé présentent un caractère suffisant de vraisemblance et de gravité et que la poursuite des activités de l'intéressé au sein de l'établissement présente des inconvénients suffisamment sérieux pour le service ou pour le déroulement des procédures en cours »* (262).

De fait, le fonctionnaire peut être la victime d'une cabale interne ou externe (263). Or son innocence sera souvent longue à s'imposer ; à

---

262) CONSEIL D'ÉTAT, 5 février 2020, n° 422922, Mme la docteure X c/ CHU Bordeaux.

263) Romain FELSENHELD, La plainte avec constitution de partie civile contre X ne peut justifier le maintien d'une suspension de fonctions, *AJFP* 2018. 146 ; Stephen PRINGAULT, L'obligation de réserve des agents publics face au devoir de dénonciation d'infractions pénales ; Une inadaptation du droit français à la problématique du whistleblowing, *Droit Administratif* n° 4, Avril 2012, étude 8.

la suite d'un classement sans suite, d'un non-lieu, d'une relaxe ou d'un acquittement (264).

6. – Une suspension illégale car sans lien avec la respectabilité du service public.

En revanche, une suspension de médecin aura été jugée illégale, parce que *« la poursuite de l'activité hospitalière de l'intéressée n'était pas de nature à caractériser une situation exceptionnelle mettant en péril, de manière imminente, la continuité du service de médecine légale où elle exerçait ou la sécurité des patients »* (265).

Elle en a obtenu 3000 euros de dédommagement de la part de son CHU (266). Sa victoire pouvait l'aider à conforter ses protestations d'innocence auprès des parents, amis et connaissances. C'est vrai que la médecine légale se limite à pratiquer des constatations sur le corps des victimes, notamment au moyen d'autopsies.

En cas d'erreur du médecin, il n'y a donc pas de risque de mort d'homme. Sauf que le juge pénal se fondera sur ses rapports d'expertise pour prendre des décisions de condamnation, ou au contraire de non-lieu, de relaxe ou d'acquittement.

---

264) Jean Pradel, Responsabilité de l'État pour fonctionnement défectueux du service de la justice en raison du délai anormalement long de l'instruction préparatoire, D. 1997. 149 ; CEDH, 9 septembre 2021, La France condamnée par la Cour européenne pour ses trop longs délais de rédaction des décisions pénales, AJ pénal 2021.

265) CONSEIL D'ÉTAT, 5 février 2020, affaire de Mme la docteure X c/ CHU Bordeaux, précité.

266) C'est de la même affaire bordelaise qu'il s'agit. Un professeur de médecine est à la fois un professeur rémunéré par le ministère de l'enseignement supérieur (ici l'Université de Bordeaux) et un médecin rémunéré par le ministère de la santé (ici le CHU de Bordeaux). L'intéressé n'a cependant qu'une seule pension de retraite, en la qualité d'enseignant-chercheur.

7. – L'indépendance des mesures disciplinaires par rapport à la procédure pénale.

Le fonctionnaire suspendu est certes présumé innocent des infractions qui lui sont imputées (267). Encore qu'une sanction disciplinaire puisse lui être appliquée avant, après, ou en l'absence de décision de condamnation du juge pénal (268).

Comme dit la Cour de cassation, « *le droit à la présomption d'innocence qui interdit de présenter publiquement une personne poursuivie pénalement comme coupable, avant condamnation, d'une infraction pénale n'a pas pour effet d'interdire à un employeur de se prévaloir de faits dont il a régulièrement eu connaissance au cours d'une procédure pénale à l'appui d'un licenciement à l'encontre d'un salarié qui n'a pas été poursuivi pénalement* » (269).

---

267) Emmanuel AUBIN, Fonction publique : contentieux disciplinaire, Répertoire de contentieux administratif, juillet 2016, n° 21 : « *la suspension ne peut intervenir qu'à l'encontre de l'agent ayant commis une faute grave ou à l'encontre duquel pèse une présomption sérieuse d'avoir commis une telle faute* ».

268) Mattias GUYOMAR, Procédure disciplinaire et procédure pénale, *Droit Administratif* n° 10, Octobre 2009, comm. 132. Samuel DELIANCOURT, L'administration peut-elle en matière disciplinaire prendre en compte le traitement médicamenteux de l'agent pour apprécier la légalité de la sanction infligée [Non] ?, *La Semaine Juridique Administrations et Collectivités territoriales* n° 43, 29 Octobre 2012, 2343.

269) CASS. SOC., 13 décembre 2017, N° de pourvoi : 16-17.193, Publication : Bull. 2017, V, n° 216. Les hauts conseillers préciser par ailleurs que « *la procédure disciplinaire est indépendante de la procédure pénale, de sorte que l'exercice par l'employeur de son pouvoir disciplinaire ne méconnaît pas le principe de la présomption d'innocence lorsque l'employeur prononce une sanction pour des faits identiques à ceux visés par la procédure pénale* ».

D'ailleurs, l'employeur public s'obligera à offrira à l'intéressé la protection juridique (270). Ne point être inquiété au pénal n'implique nullement ensuite de la quiétude au plan civil et professionnel (271).

8. – La solution du télétravail à la place de la suspension de la relation de travail.

Lorsqu'il était ministre du budget, JEAN-FRANÇOIS COPPÉ avait suggéré que les fonctionnaires en arrêt maladie continuassent quelques unes de leurs tâches compatibles avec la pathologie justifiant l'arrêt de travail. Cette idée pourrait enfin prendre corps en donnant satisfaction aux fonctionnaires suspendus, qui souvent insistent pour rester utile à leur service d'affectation et mériter leur rémunération.

Ainsi, le télétravail semble-t-il être le compromis idéal entre la suspension des fonctions et le maintien dans celles-ci. Certes, l'Administration dispose aussi de la mutation temporaire (de lieu et/ou de poste) comme autre outil. Néanmoins, le fonctionnaire incriminé rêve plutôt de pouvoir paraître encore et toujours à son lieu habituel de travail ; comme si de rien n'était. Cette continuation attesterait de sa bonne foi ou conforterait son innocence.

---

270) Antony TAILLEFAIT, Protection pénale des agents publics : suspension du refus d'accorder la protection pénale, *La Semaine Juridique Administrations et Collectivités territoriales* n° 44, 27 Octobre 2003, 1973. Samuel DELIANCOURT, Le bénéfice de la protection fonctionnelle des agents publics relève de la compétence du maire, et aucunement de l'assemblée délibérante, à la différence des élus, *La Semaine Juridique Administrations et Collectivités territoriales* n° 30-34, 30 Juillet 2018, 2229. Ségolène Royale à batailler pour que cette protection soit refusée aux agents accusés de crimes et délits sexuels à l'encontre d'enfants.

271) Marie-Laure PALDI, L'imprescriptibilité de l'action disciplinaire administrative contestée, *La Semaine Juridique Administrations et Collectivités territoriales* n° 36, 2 Septembre 2013, 2251.

9. – L'impossibilité d'un remplacement définitif de l'agent suspendu.

Problème ! Il faut sans doute que le fonctionnaire suspendu soit remplacé, puisque ses missions seront restées en souffrance. D'un point de vue budgétaire, ce sera un coût imprévu et peut-être énorme. Et puis, ce remplacement sera-t-il temporaire ou définitif ?

La question est plus précisément la suivante : *« le fonctionnaire suspendu est-il seulement invité à se lever temporairement du fauteuil qu'il occupait jusqu'alors avant, éventuellement, d'y reprendre place, ou bien se voit-il également retirer ce fauteuil sur lequel pourrait prendre place un autre que lui ? »* (272). Telle est l'interrogation portée au Conseil d'État par un commissaire du Gouvernement.

À le croire, *« la suspension d'un fonctionnaire, qui n'est jamais une mesure définitive et dont le terme favorable à l'intéressé permet la réintégration dans ses fonctions, ne peut ouvrir une vacance d'emploi »*. Le Conseil d'État a rendu un arrêt conforme à ces conclusions favorables à une exclusion temporaire (273).

---

272) Stéphane FRATACCI, La suspension d'un fonctionnaire ouvre-t-elle une vacance d'emploi ?, *RFDA* 1994. 467 ; Conclusions sur CONSEIL D'ÉTAT, Section 8 avril 1994, M. Gabolde et ministre de l'Économie.

273) L'expression emprunte ici au langage populaire, car l'exclusion de fonctions est une sanction disciplinaire. Didier JEAN-PIERRE, Une exclusion temporaire de fonctions ne donne pas droit aux allocations chômage, *La Semaine Juridique Administrations et Collectivités territoriales* n° 14, 31 Mars 2003, 1323.

www.ingramcontent.com/pod-product-compliance
Lightning Source LLC
LaVergne TN
LVHW082231051026
849532LV00012B/3949
* 9 7 8 2 4 8 7 7 4 0 1 7 4 *